DIE WELT DER REKORDE

KLEINE GESTALTEN

INHALT

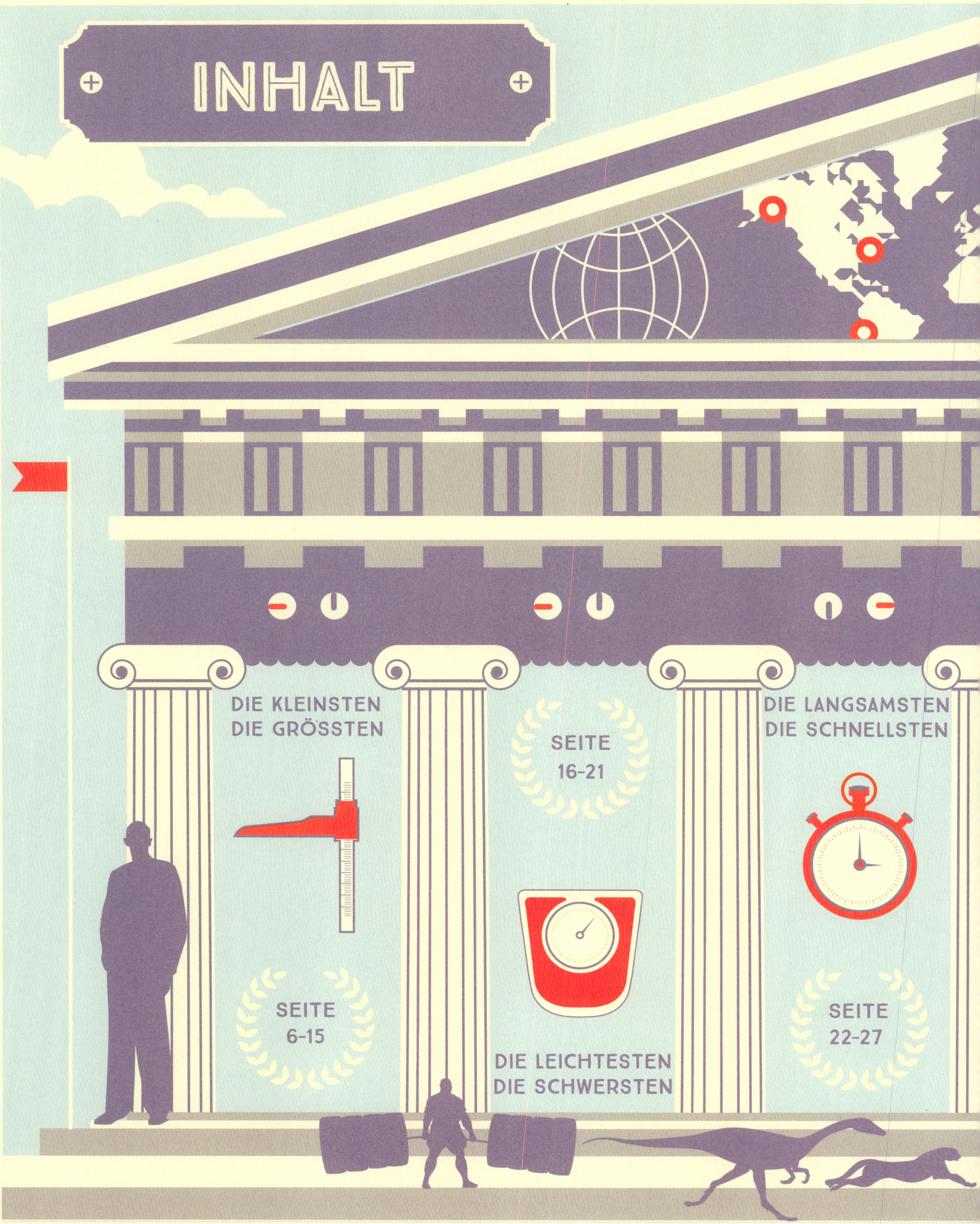

DIE KLEINSTEN
DIE GRÖSSTEN
SEITE 6-15

DIE LEICHTESTEN
DIE SCHWERSTEN
SEITE 16-21

DIE LANGSAMSTEN
DIE SCHNELLSTEN
SEITE 22-27

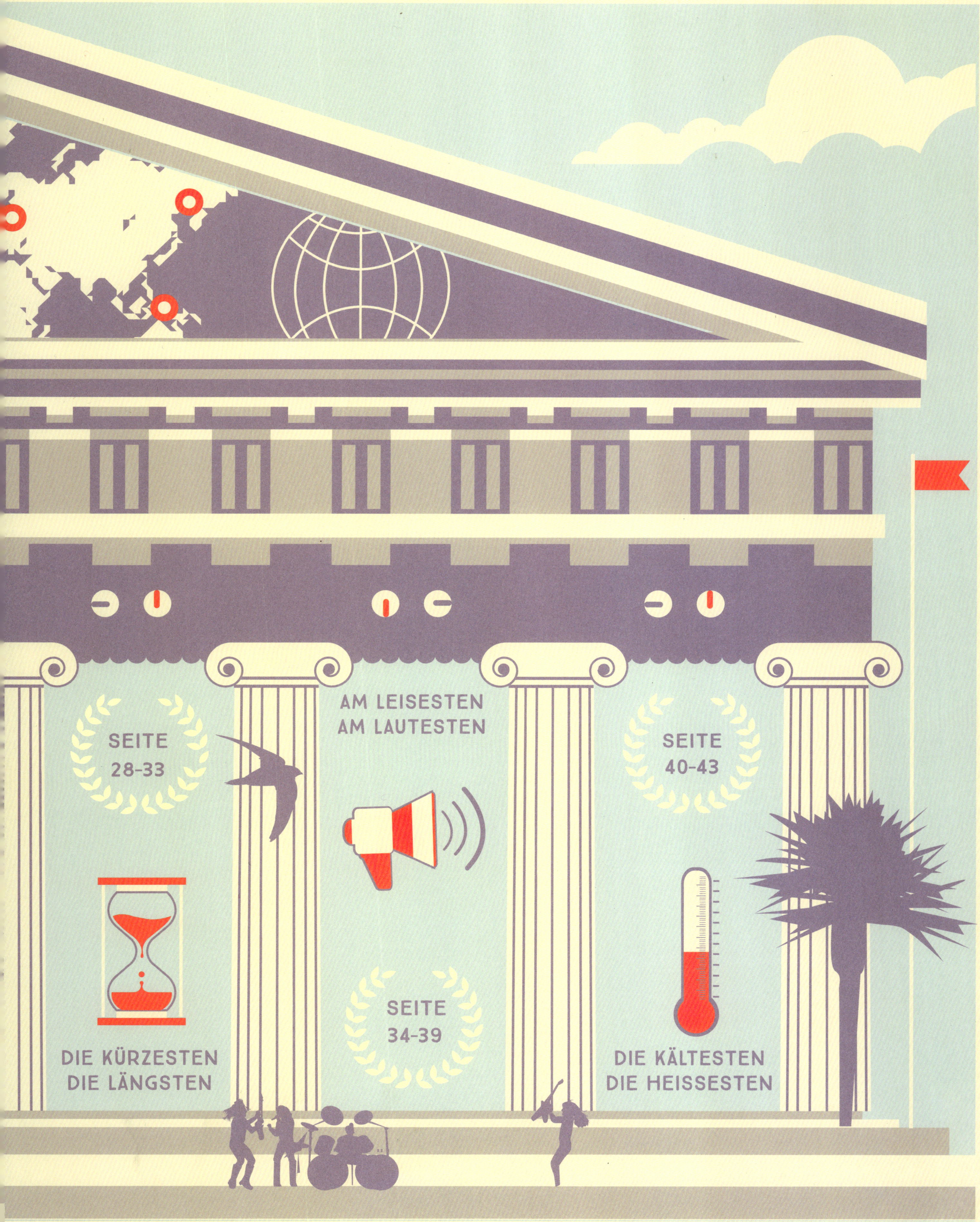

SEITE
28-33
AM LEISESTEN
AM LAUTESTEN
SEITE
40-43
SEITE
34-39
DIE KÜRZESTEN
DIE LÄNGSTEN
DIE KÄLTESTEN
DIE HEISSESTEN

DIE KLEINSTEN
DIE GRÖSSTEN

- DINOSAURIER
- TIERE
- MENSCHEN
- ARCHITEKTUR
- TECHNOLOGIEN
- ASTRONOMIE
- NATUR
- SPORT

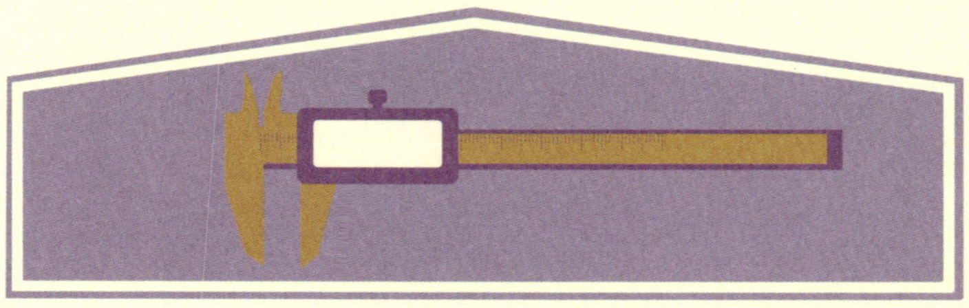

Maßeinheiten

In der Antike rechneten die Ägypter die Länge eines Gegenstands in Ellen, die sie mit ihrem Unterarm abmaßen. Heute benutzen Wissenschaftler aus aller Welt dieselben Maßeinheiten. Sie messen Gegenstände (ihre Länge, Höhe und Breite) mit Instrumenten (Entfernungsmessern, Messlatten, Maßbändern etc.) und rechnen sie in alle möglichen Meter um: in Kilometer, Dekameter, Zentimeter etc. Die Ausnahmen? Liberia, Myanmar, Großbritannien und die USA, die alle kleine Einheiten in Zoll und große in Fuß angeben.

1 ÄGYPTISCHE ELLE = ETWA 53 CM	1 ZOLL = 2,54 CM	1 FUSS = 30,48 CM

DIE KLEINSTEN | DIE GRÖSSTEN

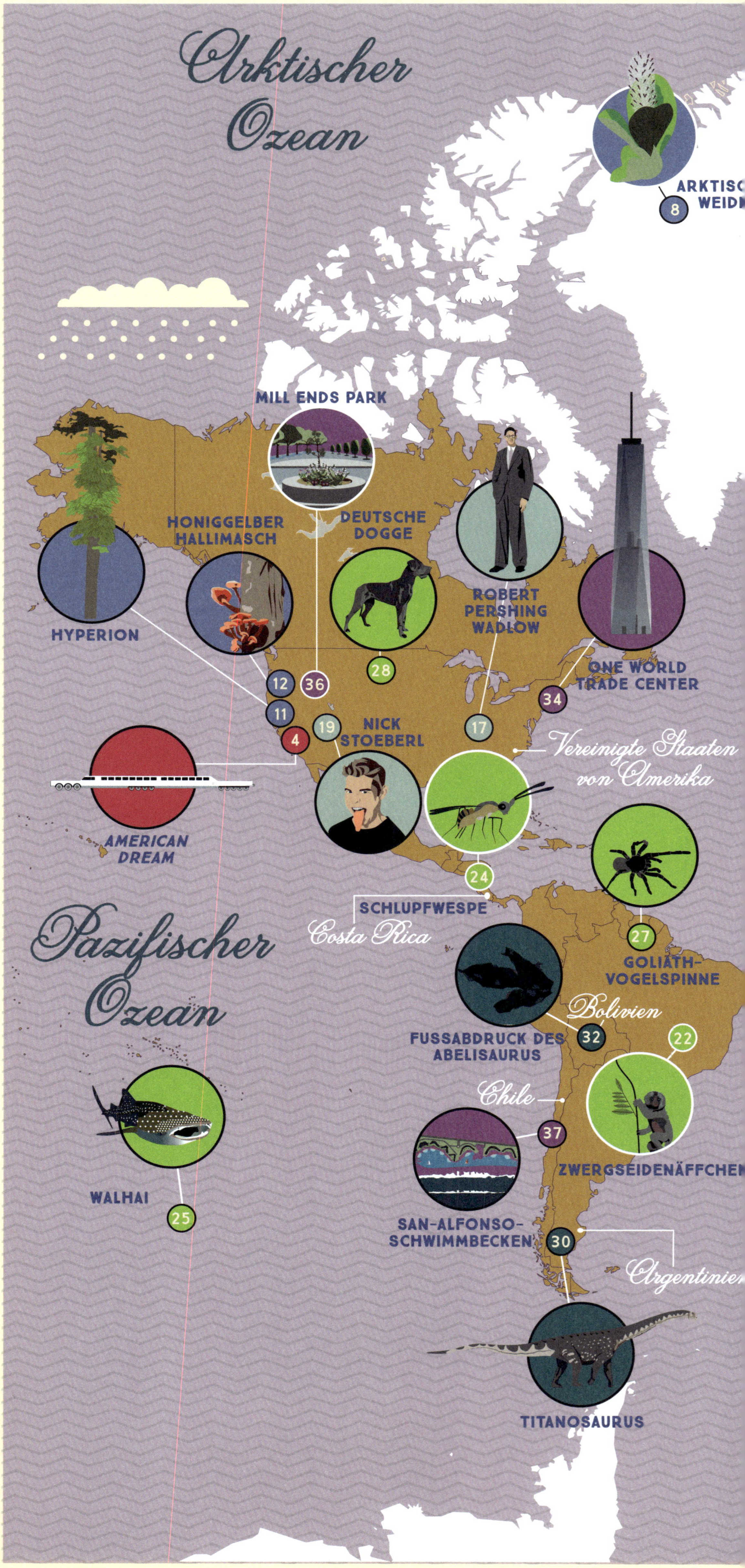

45 MERKUR
43 JUPITER
44 UY SCUTI
HANS N. LANGSETH
Norwegen
GRAN ARTIC 300
Schweden
PEEL P50
MINIATUR-WUNDERLAND
KERET-HAUS
Vereinigtes Königreich
Deutschland
Polen
ZWERGTERRIER
CHANDRA BAHADUR DANGI
MOUNT EVEREST
MICRORAPTOR ZHAOIANUS
SEIKAN-TUNNEL
Japan
MEHMET ÖZYÜREK
Türkei
SIDDIQA PARVEEN
Nepal
China
HARMONY OF THE SEAS
Frankreich
TRADINNO-ROBOTER
LOUVRE
BURJ KHALIFA
Indien
GLASBRÜCKE ZHANGJIAJIE
TAMU-VULKAN
RADIOTELESKOP FAST
Brunei
Papua-Neuguinea
Indonesien
AIRBUS A380
Vereinigte Arabische Emirate
JYOTI AMGE
PALAST NURUL IMAN
TITANENWURZ
NANOFROSCH
GIRAFFE
Indischer Ozean
Atlantischer Ozean
ANTARKTIS
1
2
3
5
6
7
9
10
13
14
15
16
18
20
21
23
26
29
31
33
35
38
39
40
41
42

DIE KLEINSTEN
DIE GRÖSSTEN

1 DER PEEL P50

DAS KLEINSTE SERIENGEFERTIGTE AUTO

Von diesem Mini, der aus drei Rädern, zwei Türen und einem Fahrersitz besteht, wurden zwischen 1962 und 1965 nur 50 Stück (!) gefertigt.

ISLE OF MAN
VEREINIGTES KÖNIGREICH

WIEGT UNTER 60 KG

HÖCHSTGESCHWINDIGKEIT
61 KM/H

2 DIE *HARMONY OF THE SEAS*

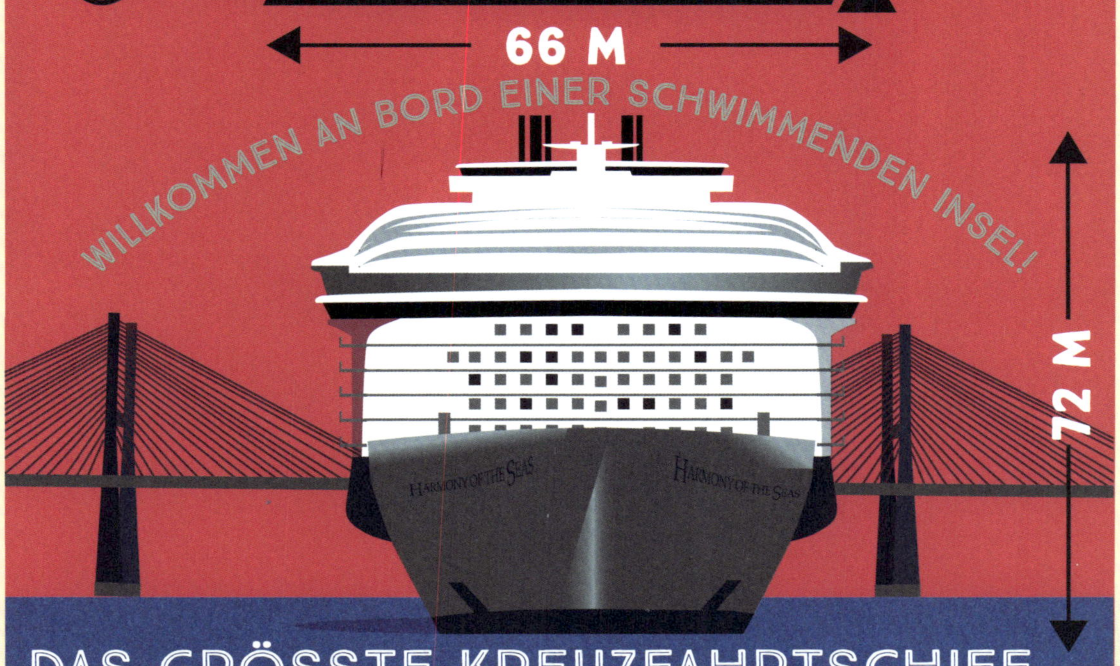

DAS GRÖSSTE KREUZFAHRTSCHIFF

2016 feierlich eingeweiht, bietet dieser Ozeanriese Platz für 6780 Passagiere, die 2 747 Kabinen, 24 Aufzüge, 18 Restaurants, 2 Kletterwände, 4 Swimmingpools, 10 Whirlpools, 3 Wasserrutschen, 1 Casino, 1 Disco, 1 Spa, 1 Eisbahn, 1 Themenpark, 1 Basketballfeld und 1 Minigolfplatz nutzen können!

GEWICHT: 227 000 TONNEN
500 TONNEN FARBE
60 000 TONNEN STAHL

4 000 KM KABEL

SAINT-NAZAIRE
FRANKREICH

362 M LANG
(IM VERGLEICH MISST DER EIFELTURM INKLUSIVE ANTENNE „NUR“ 324 METER)

600 000 M²
(84 FUSSBALLFELDER)

3 DER TRADINNO-ROBOTER

DER GRÖSSTE SCHREITROBOTER

1,3 KM STROMKABEL
238 SENSOREN

ZANDT
DEUTSCHLAND

11 TONNEN

Dieser überlebensgroße Roboter begeistert bei den Further Drachenstich-Festspielen Klein und Groß.

4 DIE *AMERICAN DREAM*

DIE LÄNGSTE LIMOUSINE

5 AIRBUS A380

1 087 KM/H

853 PASSAGIERE

560 TONNEN

FRANKREICH

DAS WELTGRÖSSTE LINIENFLUGZEUG startete 2005 zum Jungfernflug. Es kann ohne aufzutanken um die halbe Welt fliegen.

6 DER GRAN ARTIC 300

DER LÄNGSTE OMNIBUS

Dieser Bus wurde vom schwedischen Automobilhersteller Volvo gefertigt. Er wurde 2016 auf der FestransRIO in Brasilien vorgestellt und wird dort bereits eingesetzt.

3 GELENKE
entspricht 3 Buslängen
8 RÄDER
300 PASSAGIERE

SCHWEDEN

7 MINIATUR-WUNDERLAND

DIE GRÖSSTE MODELLEISENBAHNANLAGE

20 KM SCHIENEN

4 000 HÄUSER + BRÜCKEN

330 000 MINIATURBÄUME

6 000 M² | **1 300 ZÜGE**

600 000 ARBEITSSTUNDEN

Das Eisenbahnnetz wurde im Jahr 2000 von den Zwillingsbrüdern Gerrit und Frederik Braun konzipiert und gehört zu den beliebtesten Attraktionen Deutschlands.

HAMBURG DEUTSCHLAND

NUR EIN EXEMPLAR

1 Gelenk in der Mitte zum Manövrieren

24 RÄDER

1 JACUZZI

1 DOPPELBETT

VEREINIGTE STAATEN

8 DIE ARKTISCHE WEIDE

DER KLEINSTE BAUM

3 HAUPTNUTZNIESSER

Er wächst in den nördlichsten Regionen unseres Planeten und gehört zu den wenigen Arten, die eisiger, trockener Kälte trotzen können.

ARKTIS

9 DIE TITANENWURZ

DIE HÖCHSTE PFLANZE

Der *Amorphophallus titanum* (wörtlich etwa „unförmiger Riesenpenis") ist eine sehr seltene Pflanze. Sie blüht nur 1 Mal alle 10 Jahre, verströmt dann aber einen abstoßenden Geruch, der Fliegen anlockt.

SUMATRA INDONESIEN

DER HÖCHSTE BAUM

JÄHRLICHES WACHSTUM: 3 CM

11 DER HYPERION

Dieser gigantische Mammutbaum wurde 2006 entdeckt. Sein genauer Standort wird zu seinem Schutz geheimgehalten.

SEIN ALTER: 600 JAHRE

3 300 TONNEN

REDWOOD-NATIONALPARK VEREINIGTE STAATEN VON AMERIKA

10 DIE ANTARKTIS

DIE GRÖSSTE WÜSTE

ist Eiswüste und Kontinent in einem. Hier fällt so gut wie kein Niederschlag, und abgesehen von einigen Küstenregionen gedeiht auch kaum tierisches oder pflanzliches Leben.

DIE MAXIMALE EISDICKE: 4 776 M

DIE EISMASSE: 30 MILLIONEN KM³

68 % DER WELTWEITEN SÜSSWASSER-VORRÄTE

ANTARKTIS

DURCHSCHNITTSTEMPERATUREN: -70 °C IM WINTER -50 °C IM SOMMER

DER HÖCHSTE KONTINENT

DURCHSCHNITTLICHE HÖHE: 2 300 M

12 DER HONIGGELBE HALLIMASCH

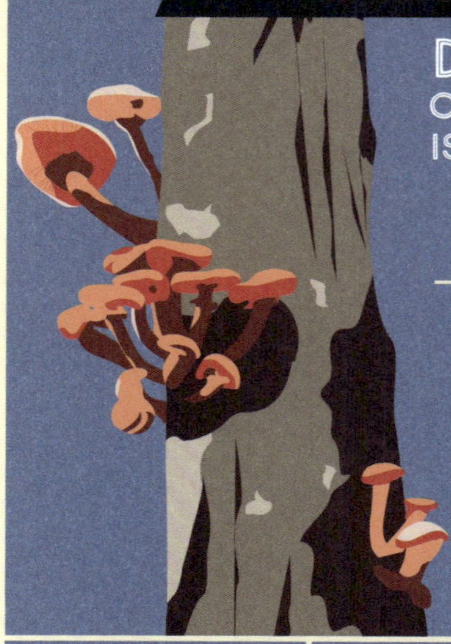

DER GRÖSSTE ORGANISMUS DER WELT IST EIN GIGANTISCHER PILZ!

Dieser Pilz entwickelt sich unterirdisch und breitet sich oberirdisch büschelweise auf Bäumen aus, die er wie ein Parasit befällt. In den Blue Mountains wurden bereits 112 Bäume von diesem Pilz getötet.

SEIN ALTER: 2400 JAHRE | OREGON VEREINIGTE STAATEN | 9,65 KM² = 1350 Fußballfelder

13 DER MOUNT EVEREST

DER HÖCHSTE GIPFEL DER WELT

8848 M

ERSTBESTEIGUNG AM 29. MAI 1953

8 H 10 MIN: SCHNELLSTER **AUFSTIEG (2004)**

18 KLETTERWEGE

HIMALAYA NEPAL

Der Everest zieht jedes Jahr Hunderte von Bergsteigern an. Ihn zu bezwingen ist jedoch eine körperliche Herausforderung! Es dauert 40 Tage, um sich an die Höhenluft zu gewöhnen und den Gipfel zu erreichen. Oben kann es bis zu -62 °C kalt werden, und die Luft enthält 3 Mal weniger Sauerstoff als auf Meeresspiegelniveau.

14 DER TAMU-VULKAN

Seine Fläche entspricht fast der des größten Vulkans auf dem Mars, der damit der größte im Sonnensystem ist.

PAZIFISCHER OZEAN | 145 MILLIONEN JAHRE

DER GRÖSSTE VULKAN

Bis zu seiner Entdeckung im Jahr 2013 wusste niemand von der Existenz dieses im Meer versteckten Megavulkans. Zum Glück ist er seit Millionen von Jahren inaktiv!

450 KM BREIT UND 650 KM LANG

15 CHANDRA BAHADUR DANGI

DER KLEINSTE MENSCH DER WELT

SO GROSS WIE EIN 2 MONATE ALTES BABY

NEPAL | 12 KG | *30. NOVEMBER 1939 †4. SEPTEMBER 2015

16 JYOTI AMGE

DIE KLEINSTE LEBENDE FRAU

Jyoti, die mit einem Gendefekt geboren wurde, ist ein richtiger Medienstar und spielte in einer amerikanischen Serie mit.

*16. DEZEMBER 1993

INDIEN | 6 KG

ROBERT PERSHING WADLOW

17

DER BISLANG GRÖSSTE MANN DER WELT

Schuhgröße 71

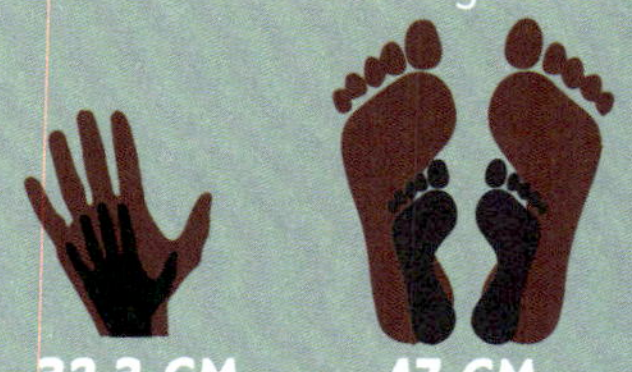

Da sein Körper zu viele Wachstumshormone produzierte, hörte er bis zu seinem Tod nicht auf zu wachsen.

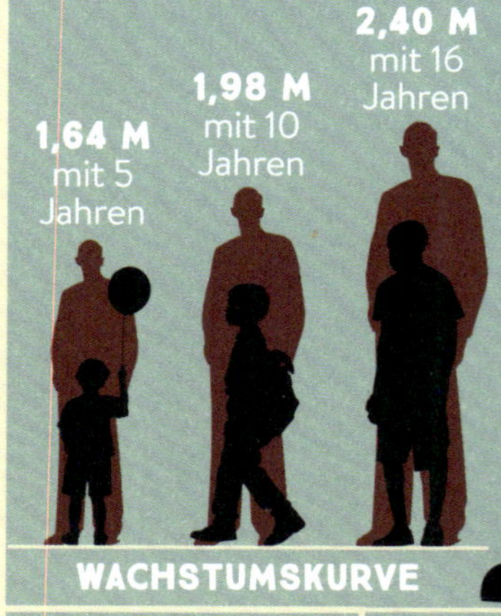

WACHSTUMSKURVE

VEREINIGTE STAATEN VON AMERIKA | 199 KG | *22. FEBRUAR 1918 †15. JULI 1940

18

HANS N. LANGSETH

DER LÄNGSTE BART

1967, 40 Jahre nach Langseths Tod, vermachte seine Familie seinen Bart der Smithsonian Institution, einem wissenschaftlichen Institut in Washington.

NORWEGEN

5,33 METER

19

NICK STOEBERL

DIE LÄNGSTE ZUNGE

Seine Zunge ist 1 cm länger als der Durchschnitt.

KALIFORNIEN
VEREINIGTE STAATEN VON AMERIKA

20

MEHMET ÖZYÜREK

DIE LÄNGSTE NASE

ARTVIN
TÜRKEI

Die längste jemals gemessene Nase gehört einem Mann aus einem türkischen Dorf.

DAS ZWERGSEIDENÄFFCHEN

22

DER KLEINSTE VON ALLEN PRIMATEN

Er ist der kleinste Vertreter seiner Art, kann aber trotz seiner geringen Größe bis zu 4 m hoch springen!

AMAZONAS
SÜDAMERIKA

GEWICHT BEI GEBURT:
UNGEFÄHR 15 GRAMM

21

SIDDIQA PARVEEN

DIE GRÖSSTE FRAU

INDIEN

Siddiqa litt an einer Wachstumsstörung, konnte jedoch operiert werden, was ihr anormales Wachstum stoppte.

23

DER NANOFROSCH

7,7 MM
kleiner als ein Daumennagel

DAS KLEINSTE WIRBELTIER

Die lateinische Bezeichnung für diesen 2012 entdeckten winzigen Frosch ist ein richtiger Zungenbrecher: *Paedophryne amauensis*.

TROPISCHER REGENWALD
PAPUA-NEUGUINEA

24 DIE SCHLUPFWESPE

DAS KLEINSTE INSEKT

Diese Miniwespe gehört zur Art der *Dicopomorpha echmepterygis*.
Den Rekord halten jedoch die blinden, flügellosen Männchen – sie sind viel kleiner als die Weibchen!

0,139 MM (so dünn wie ein Haar)

ENTDECKT: 1997

COSTA RICA

25 DER WALHAI

DER GRÖSSTE FISCH

13 M

Trotz seiner imposanten Größe ist dieser Hai nicht gefährlich. Er ernährt sich von Plankton und kleinen Fischen, hat keine Angst vor Menschen und lässt sich ganz leicht aus der Nähe beobachten.

TROPISCHE UND GEMÄSSIGTE MEERE

10 TONNEN

SEIN MAUL IST 1,50 M BREIT

3000 ZÄHNE, 10 CM DICKE HAUT

26 DIE GIRAFFE

DAS HÖCHSTE LEBEWESEN DER WELT

Die Giraffe lebt in der afrikanischen Savanne und beweidet Akazienbäume, deren Blätter auf einer Höhe von 3 bis 6 Metern wachsen und an die nur sie herankommt!

56 KM/H

LÄNGE DER ZUNGE: BIS ZU 55 CM

60 LITER PRO TAG

AFRIKA

2 TONNEN

70 KG BLÄTTER PRO TAG

27 DIE GOLIATH-VOGELSPINNE

DIE GRÖSSTE SPINNE

Der Körper dieser beeindruckenden Riesenvogelspinne ist faustgroß und hat die Ausmaße eines Unterarms! Diese giftige Vogelspinnenart jagt Beute, die größer ist als sie selbst (kleine Säugetiere, Frösche etc.).

30 CM (entspricht einem großen Teller)

KIEFERKLAUEN VON BIS ZU 3 CM

170 G

3 EIER

AMAZONAS SÜDAMERIKA

28 DIE DEUTSCHE DOGGE

DER GRÖSSTE BEKANNTE HUND

7 KG TROCKENFUTTER PRO WOCHE

VEREINIGTE STAATEN VON AMERIKA

70 KG

GEBOREN: 2007

29 DER ZWERG-TERRIER

DER KLEINSTE BEKANNTE HUND

Mit über 340 anerkannten Rassen gehört der Hund zu den Tieren mit den extremsten Größenunterschieden.
Der kleinste bekannte Hund war Sylvia, ein Yorkshire Terrier.

VEREINIGTES KÖNIGREICH

200 G

GEBOREN: 1942

30 DER TITANOSAURUS

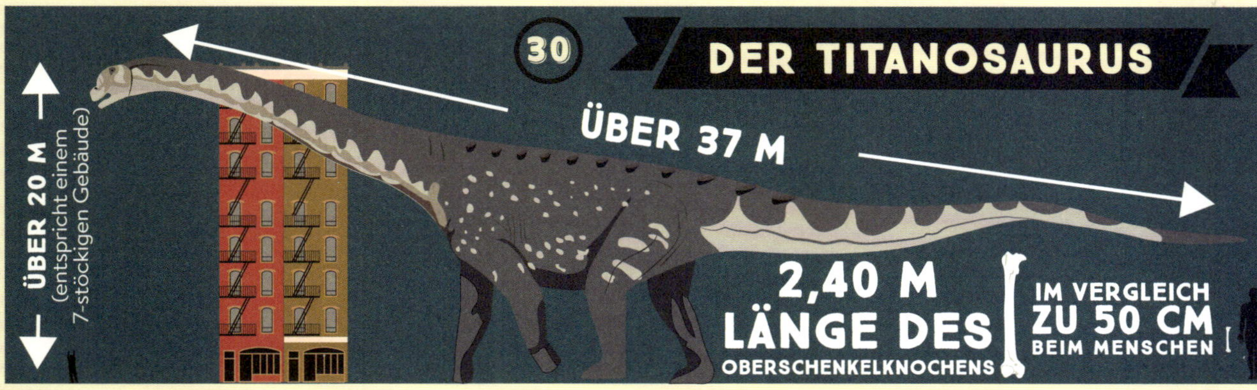

DER GRÖSSTE DINOSAURIER

Die größten Dinosaurierknochen wurden 2014 in Argentinien gefunden. Das rekonstruierte Skelett befindet sich heute im Naturkundemuseum in New York.

KNAPP 70 TONNEN (das entspricht 10 Elefanten)

ALTER: ÜBER 100 MILLIONEN JAHRE

PATAGONIEN ARGENTINIEN

31 DER *MICRORAPTOR ZHAOIANUS*

DER KLEINSTE DINOSAURIER

39 CM (so groß wie eine Taube)

Dieser 4-flügelige Dinosaurier gehört zu den kleinsten Vertretern seiner Art und gilt als Vorfahre der Vögel. Er flog gleitend durch die Luft und konnte Bäume hinaufklettern.

SEIN GLEITFLUG INSPIRIERTE DEN FLUG DER BANSHEES AUS DEM FILM *AVATAR*.

CHINA

GESCHÄTZTES ALTER: 120 MILLIONEN JAHRE

ENTDECKT: 2000

32 DER FUSSABDRUCK DES ABELISAURUS

(doppelt so groß wie der eines Elefanten)

DER GRÖSSTE FUSSABDRUCK EINES DINOSAURIERS

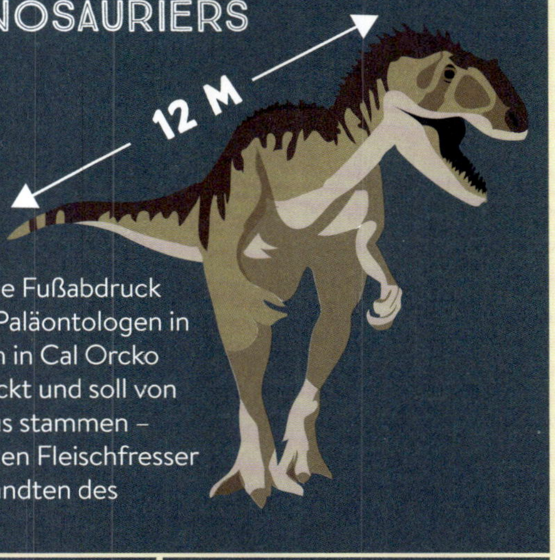

Dieser gigantische Fußabdruck wurde 2016 von Paläontologen in einem Steinbruch in Cal Orcko in Bolivien entdeckt und soll von einem Abelisaurus stammen – einem zweibeinigen Fleischfresser und nahen Verwandten des Tyrannosaurus!

BOLIVIEN

LEBTE VOR 70 BIS 80 MILLIONEN JAHREN

33 DAS KERET-HAUS

DAS KLEINSTE HAUS

Dieses 2012 gebaute Haus ist so schmal, dass man es leicht übersehen kann! Es gehört dem Schriftsteller und Regisseur Etgar Keret und wird heute als Künstlerresidenz genutzt.

14 M² WOHNFLÄCHE (entspricht etwa 1 Zimmer)

2 ETAGEN, 1 ZIMMER, 1 KÜCHE, **1 BAD**

7 PERSONEN: SO VIELE PERSONEN PASSEN HINEIN

WARSCHAU POLEN

ARCHITEKT: JAKUB SZCZĘSNY

BAUJAHR: 2012

34 DAS ONE WORLD TRADE CENTER

DER HÖCHSTE TURM DER USA

Dieser Turm, errichtet auf dem Gelände des World Trade Centers, das am 11. September 2001 bei Terroranschlägen zerstört wurde, wird auch Freedom Tower (Turm der Freiheit) genannt.

305 000 M² GLAS

48 000 TONNEN STAHL

200 000 TONNEN BETON

BAUZEIT: 7 JAHRE (2006–2013)

ERÖFFNET AM 3. NOVEMBER 2014
ARCHITEKT: DAVID CHILDS

NEW YORK VEREINIGTE STAATEN VON AMERIKA

35 DAS BURJ KHALIFA

DAS HÖCHSTE BAUWERK

Das Burj Khalifa ist aktuell das höchste Bauwerk der Welt. Es beherbergt neben Büros ein Hotel sowie mehrere Luxusrestaurants und -boutiquen.

163 ETAGEN

39 000 TONNEN STAHLTRÄGER

142 000 M² GLAS FÜR DIE FASSADE

57 DER SCHNELLSTEN AUFZÜGE DER WELT (10 Meter pro Sekunde)

22 MILLIONEN ARBEITSSTUNDEN

DUBAI VEREINIGTE ARABISCHE EMIRATE

ARCHITEKTEN: SKIDMORE, OWINGS & MERRILL

BAUZEIT: 6 JAHRE (2004–2010)

36 DER MILL ENDS PARK

DER KLEINSTE PARK

Dieses Fleckchen Erde wurde 1976 anlässlich der Feierlichkeiten zum St. Patrick's Day offiziell zum Park erklärt und soll eine Gruppe Kobolde beheimaten (Fabelwesen aus der irischen Folklore)!

61 CM DURCHMESSER
0,292 M²

GEBAUT:
1948

PORTLAND
VEREINIGTE STAATEN VON AMERIKA

37 DAS SAN-ALFONSO-SCHWIMMBECKEN

EINES DER GRÖSSTEN SCHWIMMBECKEN

Das Becken sieht von oben wie eine Lagune aus und ist so groß, dass man darin Windsurfen, Tretboot und Kajak fahren kann.

250 MILLIONEN LITER MEERWASSER WERDEN UNTERIRDISCH IN DAS BECKEN GEPUMPT
(entspricht 80 olympischen Schwimmbecken)

ALGARROBO
CHILE

26 °C Das Schwimmbecken wird das ganze Jahr über beheizt.

38 DIE GLASBRÜCKE ZHANGJIAJIE

DIE LÄNGSTE GLASBRÜCKE

Der gläserne Boden der Brücke vermittelt einem das Gefühl, hoch in der Luft zu schweben, und die 99 Glasscheiben tragen das Gewicht von 800 Personen!

BERGLANDSCHAFT VON ZHANGJIAJIE
CHINA

ARCHITEKT:
HAIM DOTAN

ERÖFFNUNG:
2016

39 DER LOUVRE

DAS ÄLTESTE WERK
DES LOUVRE:
EINE STATUE VON 'AIN GHAZAL
9 000 JAHRE

DAS GRÖSSTE KUNSTMUSEUM

Ehemalige Festung und Residenz der französischen Könige

35 000 AUSGESTELLTE KUNSTWERKE

460 000 EINGELAGERTE KUNSTWERKE

20 000 MENSCHEN besuchen Tag für Tag Leonardo da Vincis *Mona Lisa*, die er zwischen 1503 und 1506 gemalt hat.

243 000 M² GESAMTFLÄCHE, DAVON 60 600 M² AUSSTELLUNGSFLÄCHE

PARIS
FRANKREICH

ÜBER 9 MILLIONEN BESUCHER PRO JAHR

2 000 ANGESTELLTE, DAVON 1 200 WÄRTER
403 ZIMMER, 3 000 TÜRSCHLÖSSER

ERÖFFNET:
1793

40 DER SEIKAN-TUNNEL

DER LÄNGSTE UND TIEFSTE UNTERMEERISCHE TUNNEL

MEERENGE VON TSUGARU
JAPAN

BAUZEIT:
12 JAHRE
(1971–1983)

41
DER PALAST NURUL IMAN
DAS GRÖSSTE BEWOHNTE HAUS

Dieser riesige Palast gehört dem Sultan von Brunei. Zum Ende des Ramadan steht er immer für 3 Tage der Öffentlichkeit offen.

564 KRONLEUCHTER
UND 51 000 GLÜHBIRNEN ERLEUCHTEN DAS HAUS
DER BANKETTSAAL BIETET PLATZ FÜR 5 000 GÄSTE

BANDAR SERI BEGAWAN BRUNEI

ARCHITEKT: LEANDRO LOCSIN

200 000 M²
40 MAL GRÖSSER ALS DAS WEISSE HAUS

1 788 ZIMMER
257 TOILETTEN
5 SCHWIMMBÄDER
44 TREPPEN
18 AUFZÜGE

42
DAS *FAST*
DAS GRÖSSTE RADIOTELESKOP

Das *Five-hundred-meter Aperture Spherical Telescope* wird auf Chinesisch auch „Himmelsauge" genannt. Seine Aufgabe: das Universum erforschen und nach Zeichen außerirdischen Lebens suchen.

200 000 M2
(das entspricht 28 Fußballfeldern)

4 450 DREIECKIGE, AUF DEN HIMMEL AUSGERICHTETE PANEELE, DIE EINEN RIESIGEN METALLISCHEN SPIEGEL BILDEN.

DURCHMESSER: 500 M

PROVINZ GUIZHOU CHINA

BAUZEIT: **5 JAHRE** (2011–2016)

43
JUPITER
DER GRÖSSTE PLANET IM SONNENSYSTEM

Der Jupiter ist ein Gasplanet und besteht aus Wasserstoff und Helium.

1 300 ×
GRÖSSER ALS DIE ERDE

69 MONDE
(REKORD IM SONNENSYSTEM)

44
UY SCUTI
DER GRÖSSTE STERN UNSERER GALAXIE

Die Sonne, die im Vergleich zu unserem Planeten schon riesig ist, ist nichts im Vergleich zum Überriesen UY Scuti!

1 700 × GRÖSSER ALS DIE SONNE

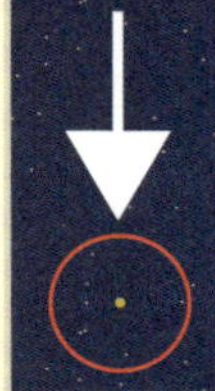

ENTFERNUNG: 9 500
LICHTJAHRE VON DER ERDE

SEINE POSITION:
MILCHSTRASSE IM STERNBILD
SCHILD

TEMPERATUR:
3 091 °C

4,8
MILLIARDEN KM DURCHMESSER

45
DER MERKUR
DER KLEINSTE PLANET IM SONNENSYSTEM

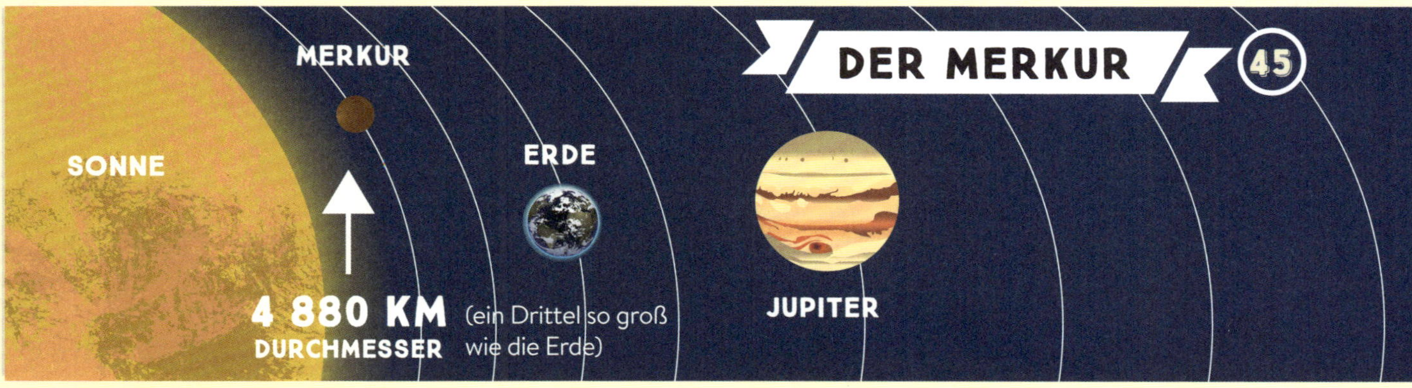

Dieser felsige Planet ist unserer Erde am nächsten.

DURCHSCHNITTSTEMPERATUR:
430 °C TAGSÜBER

DIE LEICHTESTEN

DIE SCHWERSTEN

DINOSAURIER	TECHNOLOGIEN
TIERE	ASTRONOMIE
MENSCHEN	NATUR
ARCHITEKTUR	SPORT

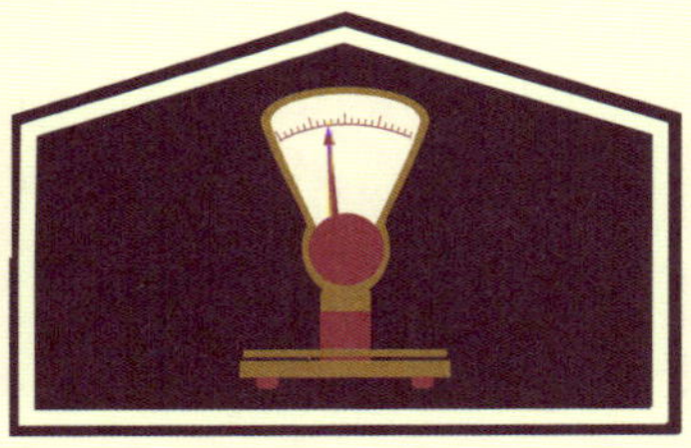

Das Gewicht

Wenn man wissen möchte, wie schwer ein Gegenstand ist, muss man sein Gewicht kennen bzw. seine Masse (die Menge der enthaltenen Materie). Es gibt alle möglichen Arten von Waagen, um alle möglichen Dinge zu wiegen: Personenwaagen, Briefwaagen, LKW-Waagen etc., die das Gewicht (oder die Masse) in Einheiten wie Tonnen, Kilo, Gramm und Milligramm erfassen. Die US-Amerikaner wiegen anders, sie benutzen Unzen und Pfund. Die Briten fahren zweigleisig: Essen wird in Gramm und Kilogramm gewogen, Menschen in Pfund und Stones (Steine).

1 KILO	1 PFUND	1 UNZE
= 1000 G	= 453,592 G	= 28,349 G

DIE LEICHTESTEN | DIE SCHWERSTEN

EDDIE HALL
BAGGER 293
BELAZ-75710
England
KÜRBIS
Deutschland
Weißrussland
20
11
15
16
Frankreich
18
17
ANTONOV AN-225
Belgien
CRICRI
AURORA
19
Russland
ETRUSKERSPITZMAUS
7
JACKFRUCHT
13
Indien
SCHWEINSNASENFLEDERMAUS
8
Thailand
BLUMEN DER JAHRESZEITEN
Japan
22
23
BUDDHA AMITABHA
5
AFRIKANISCHER ELEFANT
4
HOBA-METEORIT
1
Namibia
12
Südafrika
CULLINAN
STRAUSS
Indischer Ozean
Atlantischer Ozean
INTERNATIONALE RAUMSTATION (ISS)
2

DIE LEICHTESTEN – DIE SCHWERSTEN

1 DER SCHWERSTE METEORIT – DER HOBA-METEORIT

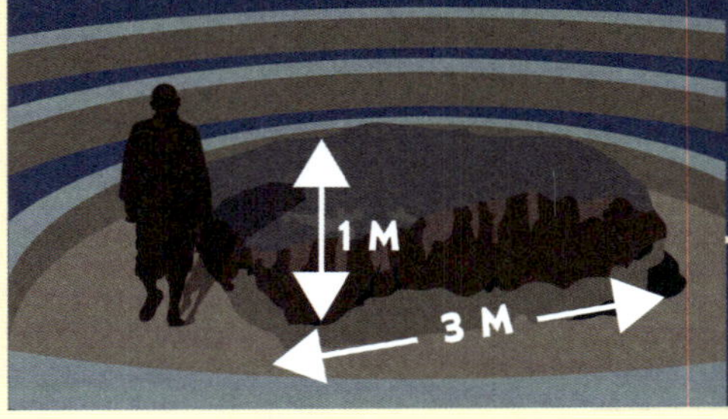

Dieser spektakuläre Felsbrocken aus dem All wurde 1920 entdeckt. Er besteht aus Eisen (82,4%), Nickel (16,4%) und Kobalt.

60 TONNEN

EINSCHLAG AUF DER ERDE: **VOR 80 000 JAHREN**

GROOTFONTEIN NAMIBIA

2 DIE INTERNATIONALE RAUMSTATION (ISS)

DAS GRÖSSTE KÜNSTLICHE OBJEKT IM ORBIT

Die ISS ist permanent von 6 Astronauten besetzt, die die Erde und das Universum beobachten und wissenschaftliche Experimente durchführen. Die insgesamt etwa 400 Tonnen schweren Module wurden in über 40 Flügen angeliefert.

450 TONNEN

DIE ISS UMKREIST IM SCHNITT 15 MAL AM TAG DIE ERDE

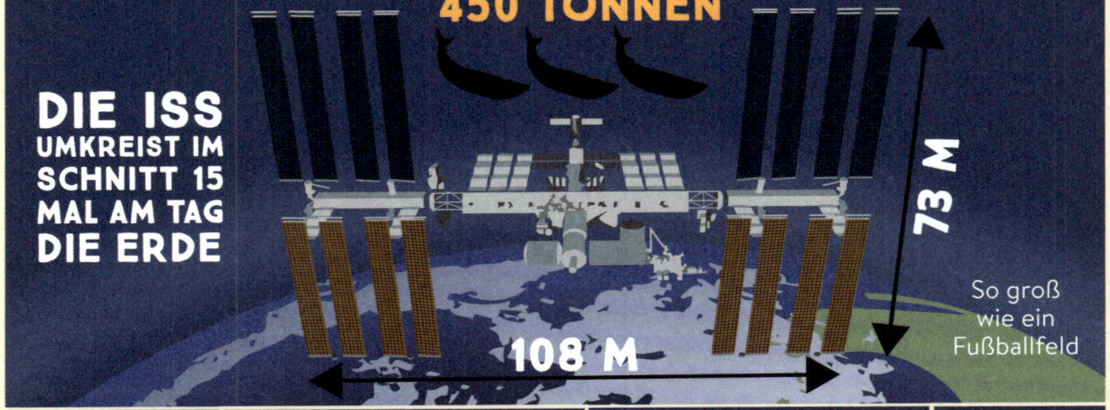

So groß wie ein Fußballfeld

15 LÄNDER

BAUZEIT: **13 JAHRE** (1998–2011)

LADEFLÄCHE FÜR: 2 BIS 6 TONNEN TREIBSTOFF, WASSER, LUFT UND MATERIAL

HÖHE: ZWISCHEN 350 UND 400 KM

3 DER BLAUWAL

DAS GRÖSSTE LEBENDE TIER

Dieser Meeressäuger ist das größte Tier, das je auf unserem Planeten gelebt hat! Leider ist die Art vom Aussterben bedroht.

15 BIS 30 TONNEN KÖRPERFETT

BIS ZU 30 M

BIS ZU 170 TONNEN

ERNÄHRUNG: FRISST TÄGLICH BIS ZU 2 TONNEN KRILL

ATLANTISCHER, PAZIFISCHER UND INDISCHER OZEAN, ANTARKTIS

GEWICHT BEI DER GEBURT: **3 TONNEN**

4 DER STRAUSS

Gewicht, Größe, Schnelligkeit ... Strauße brechen alle Rekorde!

DER SCHWERSTE VOGEL

AFRIKA

70 KM/H (schneller als ein galoppierendes Pferd)

GEWICHT VON EINEM STRAUSSENEI: **1,9 KG**

5 DER AFRIKANISCHE ELEFANT

DAS GRÖSSTE LANDSÄUGETIER

Achtung, dieser Schwergewichtschampion lebt in der Savanne und ist doppelt so groß wie sein „kleiner Bruder", der Waldelefant.

BIS ZU 7 TONNEN

AFRIKA

GEWICHT VON EINEM STOSSZAHN: **90 KG**

GEWICHT BEI DER GEBURT: **110 KG**

FRISST TÄGLICH ÜBER 200 KG BLÄTTER UND TRINKT 100 LITER WASSER PRO TAG.

6 DIE BIENENELFE

DER LEICHTESTE VOGEL

1,5 CM IM DURCHMESSER (kleiner als ein Fingerhut)

GEWICHT VON EINEM EI: **0,5 G** (das kleinste Ei der Welt)

KUBA

Die Bienenelfe, auch Hummelkolibri genannt, ist so groß wie ein Insekt. Sie kann mit über 80 Flügelschlägen pro Sekunde in der Luft schweben!

WIEGT AUSGEWACHSEN ZWISCHEN 1,5 UND 2 G **= 2 BÜROKLAMMERN**

GEWICHT BEI DER GEBURT: **0,24 G**

FRISST TÄGLICH DAS 2-FACHE IHRES GEWICHTS: 5 G

AFRIKA, EUROPA, ASIEN

7 DIE ETRUSKERSPITZMAUS

DAS LEICHTESTE SÄUGETIER

Diesen mikroskopisch kleinen Insektenfresser bekommt man nur selten zu Gesicht. Sie ist nämlich nicht nur winzig, sondern auch nachtaktiv!

2 GRAMM

ZWISCHEN 3,5 UND 5 CM (6 bis 8 cm mit Schwanz)

DIE SCHWEINSNASENFLEDERMAUS

8 DAS LEICHTESTE SÄUGETIER

2 GRAMM

wurde 1973 in einer Grotte entdeckt und gilt seitdem neben der Etruskerspitzmaus als kleinstes und leichtestes Säugetier der Welt. Sie wird auch Hummelfledermaus genannt.

THAILAND

DER KALONG-FLUGHUND ALS SCHWERSTE FLEDERMAUS WIEGT 700 MAL SO VIEL

9 DER T-REX-KOTHAUFEN

DER GRÖSSTE KOPROLITH

7 TONNEN

Dieser versteinerte Brocken befindet sich im Königlichen Museum von Saskatchewan in Regina.

Die kleinen Knochen im Kot lassen darauf schließen, dass er von einem Tyrannosaurus stammt.

DURCHMESSER VON 50 CM (entspricht der Größe eines Fahrrad-Rads)

REGINA KANADA

ALTER: 65 MILLIONEN JAHRE

ENTDECKT: **1995**

10 DER ARGENTINOSAURUS

40 M

8 M

DER SCHWERSTE DINOSAURIER

Die Knochen dieses 1990 in Argentinien entdeckten Sauriers lassen vermuten, dass der riesige Pflanzenfresser zwar nicht der größte, aber der schwerste Dinosaurier war, der je gelebt hat.

ARGENTINIEN

ALTER: 94 MILLIONEN JAHRE

8 KM/H (10 Mal schneller als eine Gazelle)

11 DER KÜRBIS

DER GRÖSSTE KÜRBIS

Kürbisse gehören zu den größten angepflanzten Gemüsesorten. In Europa werden jedes Jahr Meisterschaften rund um den Kürbis veranstaltet. Der schwerste Kürbis der Welt wurde 2016 gewogen.

1190 KG

= 328 Kürbisse, die je etwa 5 kg wiegen

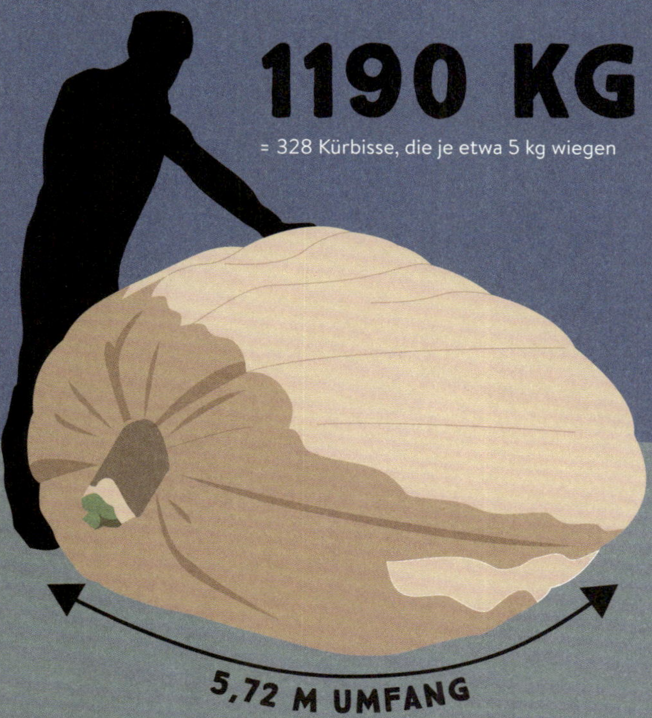

BELGIEN

Aus ihm kann man satte 6900 Teller Suppe kochen.

DER GEWINNER: MATHIAS WILLEMIJNS

12 DER *CULLINAN*

621 G

= 3105 KARAT

DER GRÖSSTE BEKANNTE ROHDIAMANT

SÜDAFRIKA

Maß- und Gewichtseinheit für Diamanten: 1 Karat = 0,20 g

Der *Cullinan* wurde 1905 in einer südafrikanischen Mine (die den Namen ihres Besitzers Thomas Cullinan trägt) entdeckt und in 9 riesige Diamanten gespalten. Einer davon ziert die englische Königskrone.

13 DIE JACKFRUCHT

INDIEN

Diese Frucht stammt ursprünglich aus Indien und wächst direkt am Stamm des Jackfruchtbaums.

14 DIE AMERIKANISCHE ZITTERPAPPEL PANDO

DER SCHWERSTE BEKANNTE ORGANISMUS

Pando bedeutet auf Latein so viel wie „ich breite mich aus". Pando ist eine Kolonie, die aus den Klonen desselben Baums besteht, die alle unter der Erde durch ihre Wurzeln verbunden sind.

UTAH VEREINIGTE STAATEN VON AMERIKA

GESCHÄTZTES ALTER: 80 000 JAHRE

40 000 BÄUME VERTEILT AUF 44 HA

15 DER BAGGER 293

DIE SCHWERSTE BEWEGLICHE MASCHINE

Dieser Schaufelradbagger wurde 1995 gebaut und wird im Tagebau eingesetzt. Er schaufelt jeden Tag über 240 000 m³ Erde!

14 200 TONNEN = 25 AIRBUS A380

18 SCHAUFELN À 6,6 M³ ENTSPRECHEN 18

5 PERSONEN werden zum Navigieren benötigt

LEIPZIG DEUTSCHLAND

16 DER BELAZ-75710

DER SCHWERSTE LASTER

Dieser Laster wurde 2013 zum Abtransport von Schutt aus einer Kohlemine in Sibirien gebaut.

WEISSRUSSLAND

HÖCHSTGESCHWINDIGKEIT: 64 KM/H

transportiert Lasten bis zu 450 TONNEN

17 DIE ANTONOV AN-225

DAS SCHWERSTE, GRÖSSTE UND LÄNGSTE FLUGZEUG

Die Antonov An-225 ist seit 1988 im Einsatz. Ihr Beiname *Mrija* bedeutet auf Ukrainisch „Traum". Sie ist so groß und belastbar, dass sie eine Raumfähre im Huckepackverfahren transportieren kann!

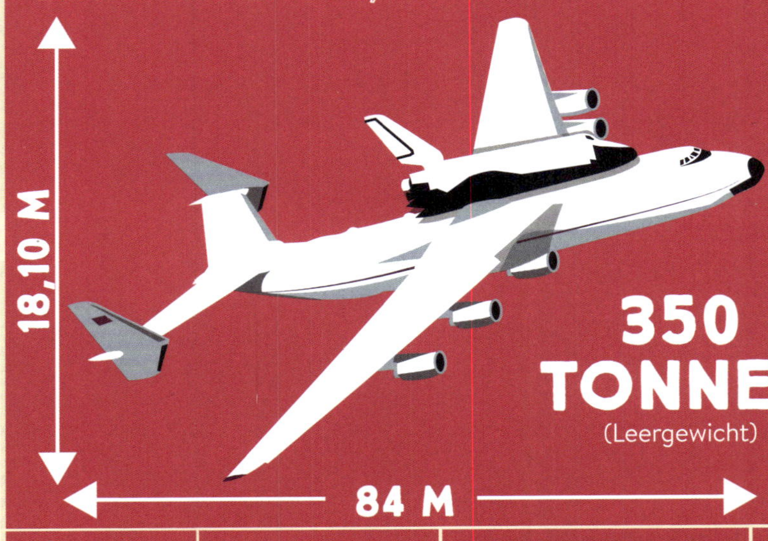

350 TONNEN (Leergewicht)

KIEW UKRAINE

6 TRIEBWERKE 32 RÄDER

REISEGESCHWINDIGKEIT: 850 KM/H

LADERAUM: 1 300 M³ hat Platz für 250 Tonnen Ware

18 DIE CRICRI

DER LEICHTESTE ZWEIMOTORIGE EINSITZER

4,10 M

80 KG
(Durchschnittsgewicht eines Menschen)

Die CriCri (Französisch für „Grille") wurde 1973 vom Aerodynamik-Ingenieur Michel Colomban erfunden und muss selbst zusammengebaut werden.

FRANKREICH

FLUGGESCHWINDIGKEIT: 170 KM/H

2 000 ARBEITSSTUNDEN

19 AURORA

DER SCHWERSTE SPORTLER

1,93 M

271 KG
(doppelt so schwer wie ein durschnittlicher Sumō-Ringer)

Sumō-Ringer sind meist japanische Ringkämpfer, die oft wie Halbgötter verehrt werden. Aurora ist aktuell der schwerste aktive Ringer.

8 000 BIS 10 000 KALORIEN PRO TAG
Das entspricht einer täglichen Nahrungszufuhr von
20 GROSSEN HAMBURGERN

RUSSLAND

20 EDDIE HALL

DER STÄRKSTE MANN

Dieser englische Strongman gewann 2017 bei der Meisterschaft *World's Strongest Man* den Weltmeistertitel und löste damit den vierfachen Weltmeister Brian Shaw ab.

536 KG
(beim Kreuzheben, 48 cm vom Boden, mit Gürtel)

ENGLAND

GEBOREN AM 15. JANUAR 1988

SEIN GEWICHT: 185 KG

SEINE GRÖSSE: 1,92 M

SCHLOSS ASTOLAT

21

DAS LEICHTESTE SCHLOSS

Dieses Miniaturschloss aus Pappmaché wurde von Elaine Diehl erdacht und von der Küche bis zum Ballsaal bis ins kleinste Detail ausgearbeitet. Es ist vollständig möbliert und ausgestattet!

363 KG

2,70 M

13 JAHRE ARBEIT
(von 1974 bis 1987)

100 000 MINIATUREN

7 ETAGEN UND 29 ZIMMER

COLORADO VEREINIGTE STAATEN VON AMERIKA

22 BLUMEN DER JAHRESZEITEN

DAS LEICHTESTE GEDRUCKTE BUCH

Dieses winzig kleine Büchlein wurde von Toppan Printing mit einer speziellen Technologie gedruckt. Es zeigt Blumendarstellungen mit Bildlegenden in japanischen Schriftzeichen. Beim Lesen braucht man eine Lupe und zum Umblättern eine Pinzette!

0,75 MM

0,49 MG

TOKIO JAPAN

22 SEITEN

ERSCHIENEN IM MÄRZ 2013

AUFLAGE: 250 EXEMPLARE
PREIS: 235 EURO

DER BUDDHA AMITABHA

23

DIE SCHWERSTE STATUE DER WELT

Sie ist aus Bronze.

4000 TONNEN

120 M

20 M

ERRICHTET: 1993

USHIKU JAPAN

DIE LANGSAMSTEN
DIE SCHNELLSTEN

DINOSAURIER	TECHNOLOGIEN
TIERE	ASTRONOMIE
MENSCHEN	NATUR
ARCHITEKTUR	SPORT

Die Geschwindigkeit

Die Geschwindigkeit beschreibt, wie weit sich etwas in einer bestimmten Zeit fortbewegt. Es gibt unterschiedliche Geräte, um die Schnelligkeit eines Sprints, eines Autos oder des Windes zu messen: Stoppuhren, GPS-Geräte oder Tachometer, Windmesser etc. Die Geschwindigkeit wird in km/h (Anzahl der Kilometer pro Stunde) oder m/s (Meter pro Sekunde) gemessen. Die US-Amerikaner geben Meilen pro Stunde an, Seeleute rechnen in Knoten und Piloten in Machzahlen („Mach 1" entspricht der Schallgeschwindigkeit).

1 MPH (MEILE PRO STUNDE) = 1,609 KM/H	1 KNOTEN = 1,852 KM/H	MACH 1 = 1 224 KM/H

DIE LANGSAMSTEN | DIE SCHNELLSTEN

HELIOS 2-SONDE
24
Deutschland
COMPSOGNATHUS
WEINBERGSCHNECKE
Europa
3
2
WANDERFALKE
DEINOCHEIRUS
MIRIFICUS
Mongolei
10
Frankreich
17
9
Deutschland
Schweiz
21
BUGATTI VEYRON
SUPER SPORT
GLACIER
EXPRESS
JR-MAGLEV
23
Japan
WASSERSCHLÄUCHE
14
1
Sahara
Vereinigte Arabische
Emirate
22
FORMULA
ROSSA
5
SEEPFERDCHEN
SILBERAMEISE
Samoa
11
Indischer
Ozean
Australien
6
GEPARD
20
SOGELAU
TUVALU
SPIRIT OF AUSTRALIA
Atlantischer
Ozean

DIE LANGSAMSTEN
DIE SCHNELLSTEN

1 DIE SILBERAMEISE AUS DER SAHARA

DAS SCHNELLSTE
INSEKT
(im Verhältnis zur Größe)

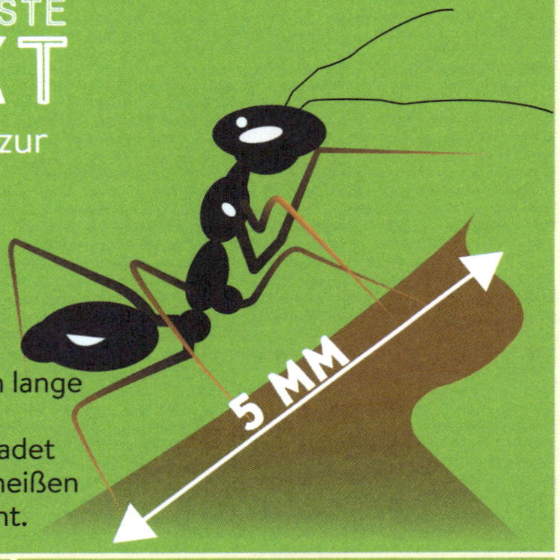

Diese Ameise hat überdurchschnittlich lange Beine, mit denen sie schnell und unbeschadet über den brennend heißen Sand der Sahara rennt.

SAHARA AFRIKA

1,8 KM/H
entspricht 100 Körperlängen in 1 Sekunde

2 DER WANDERFALKE

DAS SCHNELLSTE TIER DER WELT

389 KM/H

ERFOLGSQUOTE:
1 FANG BEI 10 ANGRIFFEN

Dieser kleine Räuber verdankt seinen Titel seiner spektakulären Jagdtechnik. Er legt die Flügel an und rast im Sturzflug auf seine Beute zu.

ÜBERALL AUSSER IN DER ANTARKTIS

550 G BIS 1 KG

0,004 KM/H

EUROPA

20 BIS 40 G

3 DIE WEINBERGSCHNECKE

EINES DER LANGSAMSTEN TIERE

Schnecken sind Weichtiere, deren Körper von einem Gehäuse geschützt wird. Sie haben keine Beine, sondern einen „Fuß“ : einen großen Muskel, mit dem sie sich durch Kontraktion wellenförmig vorwärtsbewegen, und zwar auf einem Schleimteppich, den sie selbst absondern!

1 000 M: WEITER ENTFERNEN SIE SICH NIE VON IHREM RUHEPLATZ.

4 DER FÄCHERFISCH

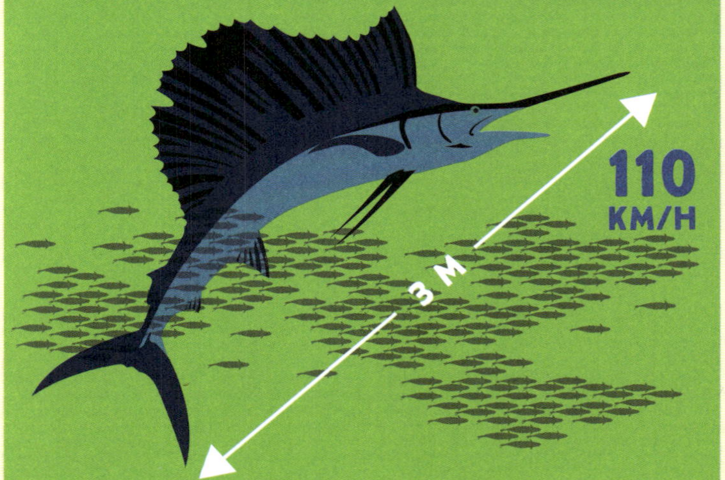

DER SCHNELLSTE FISCH

TROPISCHE UND GEMÄSSIGTE MEERE

Dieser Fisch verdankt seinen Namen seiner fächerförmigen Rückenflosse. Seine Spitzengeschwindigkeit erreicht er bei der Jagd.

0,01 KM/H

TROPISCHE UND GEMÄSSIGTE MEERE

5 DAS SEEPFERDCHEN

DER LANGSAMSTE FISCH

Dieser Fisch steuert dank seiner kleinen Rückenflosse und zwei noch kleineren Brustflossen, die etwa 70 Mal pro Sekunde wellenförmig vibrieren, behutsam und aufrecht durch das Wasser.

6 DER GEPARD

DAS SCHNELLSTE LANDTIER DER WELT

Geparden sind zum Sprinten gebaut: Ihr leichter Körper und das aerodynamische Profil (kleiner Kopf, lange, dünne Beine und ein schmaler Brustkorb) erzeugen nur wenig Luftwiderstand und sorgen für eine blitzschnelle Beschleunigung.

1 LANGER SATZ = 7 M

20 MIN:
Regenerationszeit nach einem Sprint

50 KG

AFRIKA UND ASIEN (IRAN)

110 KM/H ÜBER 400 M

BESCHLEUNIGT VON 0 AUF 100 KM/H IN 3 SEKUNDEN UND 3 SÄTZEN
(schneller als ein Ferrari)

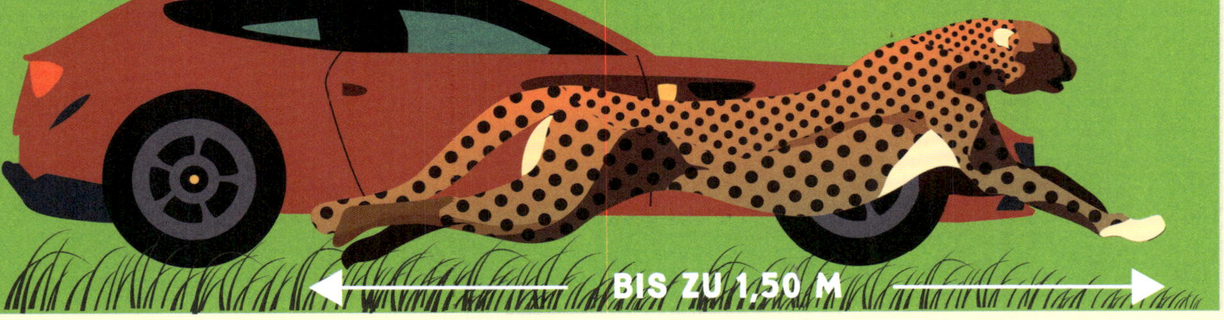

7 DAS WEISSKEHL-FAULTIER

0,012 KM/H

40 BIS 60 CM

DAS LANGSAMSTE SÄUGETIER

Es schläft satte 20 Stunden am Tag! Da es aufgrund seiner Langsamkeit leichte Beute ist, lebt es versteckt in Bäumen, von denen es nur alle 10 Tage herunterkommt, um sein Geschäft zu verrichten.

BRAUCHT FÜR 1 KILOMETER 4 TAGE

SÜDAMERIKA

4 KG

BESONDERHEIT: Es kann seinen Kopf um 270° drehen und so hinter sich sehen, ohne den Rest des Körpers zu bewegen.

8 DER SCHNELLSTE ANGRIFF

DIE WASSERMOKASSINOTTER

... kommt von dieser giftigen Schlange, die in stehenden Gewässern lebt und sich auf kleine Beutetiere spezialisiert hat (Säugetiere, Vögel, Fische etc.).

2,98 M/S

BIS ZU 1,80 M

VEREINIGTE STAATEN VON AMERIKA

BIS ZU 4,6 KG

9 DER COMPSOGNATHUS

DER SCHNELLSTE DINOSAURIER

1,40 M (entspricht einer großen Echse)

25 CM

Dieser kleine Fleischfresser wurde 1859 entdeckt. Er wog weniger als eine Katze und ernährte sich von kleinen Tieren.

64 KM/H

3 MAL SCHNELLER ALS DER TYRANNOSAURUS REX

DEUTSCHLAND

10 DER *DEINOCHEIRUS MIRIFICUS*

DER LANGSAMSTE „LAUFVOGEL“

5 M

UNTER 30 KM/H

10 M

Das Skelett dieses Sauriers wurde 1965 gefunden. Aufgrund seiner Größe und seiner langen Krallen wurde er lange für einen gefürchteten Fleischfresser gehalten, doch dann fand man heraus, dass es sich um einen friedlichen Pflanzenfresser handelte.

WÜSTE GOBI MONGOLEI

7 TONNEN

11 SOGELAU TUVALU

DER LANGSAMSTE SPRINTER DER GESCHICHTE

Der ehemalige Kugelstoßer stellte bei den Leichtathletik-Weltmeisterschaften 2011 einen eher ungewöhnlichen Rekord auf!

SAMOA

100 M IN 15,66 SEKUNDEN

12 USAIN BOLT

DER SCHNELLSTE MENSCH

41 SCHRITTE AUF 100 M (im Vergleich zu durchschnittlichen 44 Schritten)

AUFGESTELLTE REKORDE:
100 M IN 9,58 SEKUNDEN
200 M IN 19,19 SEKUNDEN
11 MAL WELTMEISTER
8 MAL GOLD bei den Olympischen Spielen

90 KG

JAMAIKA

Dieser Spitzenathlet wurde am 21. August 1986 geboren und ist bis heute der schnellste Mensch der Welt.

44 KM/H (Höchstgeschwindigkeit, im Lauf gemessen)

1,96 M

13 FELIX BAUMGARTNER

DER SCHNELLSTE FALLSCHIRMSPRUNG

Dieser Extremsportler wurde am 14. Oktober 2012 weltberühmt: Er sprang in 39 000 m Höhe im freien Fall aus einer Raumkapsel und durchbrach die Schallgeschwindigkeit!

1341,9 KM/H (1,24-fache Schallgeschwindigkeit)

ÖSTERREICH

4 MIN 20 S FREIER FALL VOR DEM ÖFFNEN DES FALLSCHIRMS

14 DIE WASSERSCHLÄUCHE

DIE SCHNELLSTE FLEISCHFRESSENDE PFLANZE

Diese Pflanze lebt auf nassen, selten sumpfigen Böden. Sie saugt in Rekordzeit winzige Krustentiere und Insektenlarven auf.

1/1000 PRO SEKUNDE
(1 Millisekunde)

WELTWEIT

17 DER BUGATTI VEYRON SUPER SPORT

DAS SCHNELLSTE GETESTETE FAHRZEUG DER WELT

Von diesem Flitzer wurden 2010 weniger als 50 Stück gebaut, die alle verkauft wurden. Es mag vielleicht schnellere Autos geben, aber der Bugatti hält bis heute den offiziellen Rekord.

431 KM/H

16-ZYLINDER-MOTOR

1200 PFERDESTÄRKEN

Die 16 Zylinder sorgen dafür, dass das Auto mehr Treibstoff nutzen und schneller beschleunigen kann. Die Leistungsfähigkeit eines Motors wird in Pferdestärken gerechnet (1 PS = 736 W).

MOLSHEIM FRANKREICH

DER PARICÁ

15

DER AM SCHNELLSTEN WACHSENDE BAUM

WACHSTUM: 9 M PRO JAHR

Der Paricá-Baum wird wegen seines Holzes angebaut, aus dem Sperrholz hergestellt wird. Er hat jedoch einen gefährlichen Feind: eine Zikade, die ihn 7 Jahre nach Befall am Weiterwachsen hindert.

DURCHSCHNITTSALTER: 7 JAHRE

BRASILIEN

16 DIE *PUYA RAIMONDII*

DIE AM LANGSAMSTEN BLÜHENDE PFLANZE

Diese seltene Pflanze gedeiht nur in den peruanischen Anden und in Höhenlagen zwischen 3 200 und 4 800 Metern. Sie blüht im Lauf ihres langen Lebens nur ein einziges Mal.

BLÜTE: NACH 80 BIS 100 JAHREN

6 MILLIONEN SAMEN WERDEN FREIGESETZT

PERU

18 DIE SR-71 BLACKBIRD

DAS SCHNELLSTE FLUGZEUG

3 529 KM/H

Die SR-71 hält einen Geschwindigkeits- sowie einen Höhenrekord, beide 1976 gemessen. Dieser Flieger der US-amerikanischen Luftwaffe wurde ab 1964 zur strategischen Aufklärung eingesetzt. Zu seiner Ausstattung gehörten Radargeräte, Infrarotkameras und optische Kameras!

25 929 M: HÖHENREKORD IM FLUG

AUSGESTELLT IM NATIONALEN LUFT- UND RAUMFAHRTMUSEUM IN WASHINGTON

BURBANK VEREINIGTE STAATEN

32 EXEMPLARE

370 KM/H Startgeschwindigkeit

19 DAS *THRUSTSSC*

DAS SCHNELLSTE LANDFAHRZEUG DER WELT

1 227,985 KM/H

2 ROLLS-ROYCE SPEY MIT NACHBRENNERN

106 000 PFERDESTÄRKEN

Diese „Rakete auf Rädern“ ist so aerodynamisch wie ein Flugzeug. Den Rekord stellte 1997 Andy Green auf, ein ehemaliger britischer Jagdflieger.

NEVADA VEREINIGTE STAATEN VON AMERIKA

20 DIE *SPIRIT OF AUSTRALIA*

DAS SCHNELLSTE MOTORBOOT

STAUSEE BLOWERING DAM AUSTRALIEN

6000 PFERDESTÄRKEN

511 KM/H
(entspricht 276 Seeknoten)

Die *Spirit of Australia* wurde vom Australier Ken Warby konzipiert und hält den Geschwindigkeitsweltrekord auf dem Wasser bereits seit dem 8. Oktober 1979!

21 DER GLACIER EXPRESS

DER LANGSAMSTE EXPRESSZUG

Der Zug wurde am 25. Juni 1930 in Betrieb genommen und brauchte für eine Strecke von knapp 300 km durch die Schweizer Berge 11 Stunden! Mittlerweile ist er etwas schneller, da er mit Strom betrieben wird.

36 KM/H

91 TUNNEL

291 BRÜCKEN

VON ST. MORITZ NACH ZERMATT SCHWEIZ

22 DIE *FORMULA ROSSA*

DIE SCHNELLSTE ACHTERBAHN

240 KM/H
in weniger als 5 Sekunden

BESCHLEUNIGT MIT 32 600 PS

HÖCHSTER PUNKT:
52 M

Der Freizeitpark *Ferrari World* wurde 2010 gebaut und steht mit seinen Attraktionen, seinen Fahrbetrieben und einer Boutique ganz im Zeichen der Formel 1. Die *Formula Rossa* wurde im selben Jahr in Betrieb genommen. Hier kann sich jeder wie ein waschechter Rennpilot fühlen!

LÄNGE DER STRECKE:
2,04 KM

ABU DHABI VEREINIGTE ARABISCHE EMIRATE

23 DER JR-MAGLEV

DER SCHNELLSTE ZUG

603 KM/H

500 KM/H
Durchschnittsgeschwindigkeit

Dieser Zug befindet sich noch in der Testphase und soll ab 2027 eingesetzt werden. Maglev steht für *Magnetic Levitation*, weil sich der Zug auf einem Magnetfeld schwebend über die Gleise bewegt.

VON TOKIO NACH NAGOYA JAPAN

24 DIE HELIOS 2-SONDE

252 792 KM/H

DAS SCHNELLSTE VON MENSCHEN GEBAUTE OBJEKT

Diese Raumsonde startete am 10. Januar 1976 mit der Mission, die Sonne zu erforschen. Ihren Geschwindigkeitsrekord erreichte sie drei Monate später relativ zur Sonne.

REKORD AUFGESTELLT AM 17. APRIL 1976

376,5 KG

DEUTSCHLAND

25 *SATURN V*

DIE SCHNELLSTE JEMALS ERREICHTE FLUGGESCHWINDIGKEIT

Den Geschwindigkeitsrekord stellten die drei Astronauten der *Apollo 10*-Mission (mit *Saturn V* als Trägerrakete) am 26. Mai 1969 an Bord ihrer Landekapsel auf, kurz vor dem Wiedereintritt in die Erdatmosphäre.

3 ETAGEN

11 MOTOREN

VEREINIGTE STAATEN VON AMERIKA

39 937 KM/H

DIE KÜRZESTEN

DIE LÄNGSTEN

DINOSAURIER	TECHNOLOGIEN
TIERE	ASTRONOMIE
MENSCHEN	NATUR
ARCHITEKTUR	SPORT

Die Zeit

Die ältesten Zeitmessgeräte sind der Gnomon (Schattenzeiger) und die Sonnenuhr, die die Uhrzeit über den Stand der Sonne und die Länge eines Schattens bestimmen. Wasser- und Sanduhren waren lange Zeit die einzigen Instrumente, die es uns ermöglichten, Minuten zu zählen. Schließlich kamen präzisere Uhren wie Pendeluhren, Armbanduhren oder Stoppuhren auf, mit denen man Sekunden, Zehntelsekunden und Millisekunden zählen konnte.

2000 V. CHR. DIE SONNENUHR	13. JH. DIE SANDUHR	1930 DIE QUARTZUHR

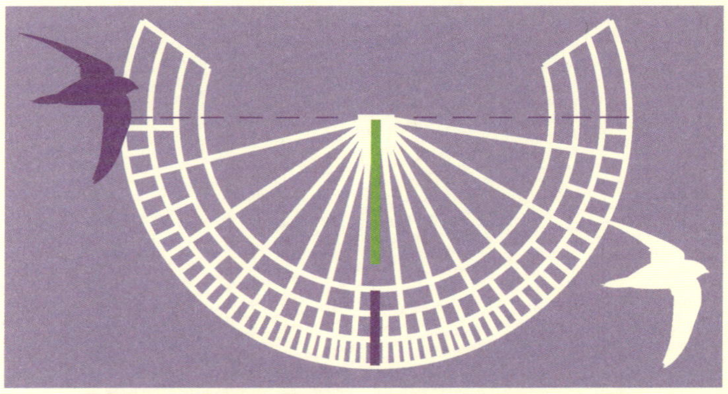

AM KÜRZESTEN | **AM LÄNGSTEN**

Russland
20
GENNADI PADALKA
21
GN-Z11
MUSCHEL MING
JOHN ISNER VS NICOLAS MAHUT
TIERGARTEN SCHÖNBRUNN
ALPENSEGLER
24
NATALJA MOLTSCHANOWA
Russland
LONDONER U-BAHN
5
Vereinigtes Königreich
23
19
Österreich
16
4
1
25
22
18
BRANKO PETROVIC
17
China
JIROEMON KIMURA
CHINESISCHE MAUER
LUDWIG XIX.
Frankreich
10
Serbien
13
Mittelmeer
Japan
2
Slowenien
BHUMIBOL ADULYADEJ
3
JEANNE CALMENT
NEPTUNGRAS
12
CUVIER-SCHNABELWAL
MARTIN STREL
Thailand
SCHILDKRÖTE ESMERALDA
7
Seychellen
EDEN THÉÂTRE
15
La Réunion (Frankreich)
PITON DE LA FOURNAISE
Indischer Ozean
Atlantischer Ozean

DIE KÜRZESTEN – DIE LÄNGSTEN

1 JEANNE LOUISE CALMENT

DER ÄLTESTE MENSCH

In Sachen Lebensdauer liegen die Frauen vorn! Jeanne Louise Calment hält den aktuellen Rekord als ältester Mensch, wie ihre Geburtsurkunde bezeugt.

ANZAHL DER HUNDERTJÄHRIGEN IM JAHR 2016: ÜBER 300 000
(doppelt so viele wie im Jahr 1995)

ARLES FRANKREICH

* 21. FEBRUAR 1875
† 4. AUGUST 1997

2 JIROEMON KIMURA

DER ÄLTESTE MANN

Dieser Hundertzehnjährige ist offiziell der älteste Mann der Welt. Er hatte 7 Kinder, 15 Enkel, 25 Urenkel und 13 Ururenkel.

116 JAHRE UND 54 TAGE

KYŌTO JAPAN

* 19. APRIL 1897
† 12. JUNI 2013

3 BHUMIBOL ADULYADEJ

DIE LÄNGSTE HERRSCHAFT UNSERER ZEIT

1782: Gründung der Chakri-Dynastie, die bis heute in Thailand regiert.
9. JUNI 1946: Rama IX. folgt mit 19 Jahren seinem Bruder Rama VIII. auf den Thron.
13 OKTOBER 2016: Nach seinem Tod besteigt sein ältester Sohn als Rama X. den Thron.

Der König von Thailand, Bhumibol Adulyadej, ist besser bekannt unter seinem dynastischen Namen: Rama IX.

70 JAHRE, 40 MONATE UND 4 TAGE

5. DEZEMBER 1927 BIS 13. OKTOBER 2016

THAILAND

4 LUDWIG XIX.

DIE KÜRZESTE REGENTSCHAFT

Als sein Vater, König Karl X., am 2. August 1830 abdankte, wurde Ludwig XIX. König von Frankreich und Navarra – und verzichtete am selben Tag ebenfalls auf den Thron!

* 6. AUGUST 1755
† 3. JUNI 1844

FRANKREICH

20 MIN
(so lange dauerte es, die Verzichtserklärung zu unterschreiben)

5 DIE MUSCHEL MING

DAS ÄLTESTE TIER DER WELT

0,1 MM: So breit sind die Jahresringe auf der Schale der Muschel.

7 JAHRE: So lange dauerte es, bis die Wissenschaftler ihr genaues Alter bestimmt hatten.

ISLAND

2006: DIE MUSCHEL WURDE VON WISSENSCHAFTLERN EINGEFROREN UND STARB VERSEHENTLICH DABEI.

507 JAHRE

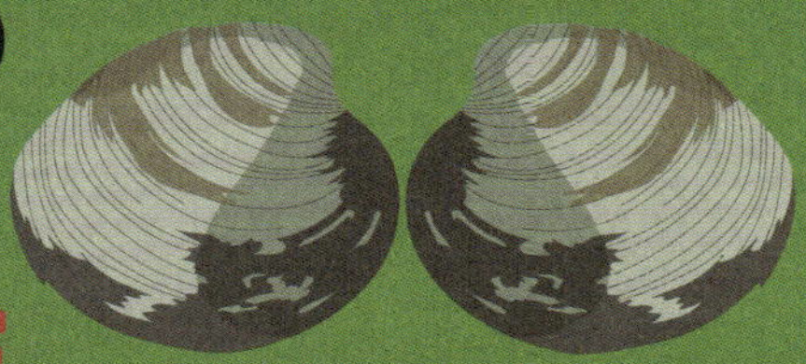

8 CM IM DURCHMESSER

Die Wissenschaftler, die dieses Weichtier der Art *Arctica islandica*, auch Ming genannt, untersuchten, konnten das Alter der Muschel anhand ihrer Jahresringe bestimmen.

6 DER GRÖNLANDHAI

DAS LANGLEBIGSTE WIRBELTIER

ZWISCHEN 2 UND 5 M

WIRD BIS ZU 400 JAHRE ALT

Diese Haiart wächst im Schnitt nur 1 cm pro Jahr, erreicht aber oft eine Länge von 5 m. Setzt man das langsame Wachstum ins Verhältnis mit seiner Größe, kann man daraus schließen, dass diese Tiere sehr alt werden.

WIRD ERST MIT 150 JAHREN GESCHLECHTSREIF

ALTERSBESTIMMUNG: Man analysiert den Kern der Augenlinse, der eine Art biologische „Zeitkapsel" darstellt.

ARKTISCHER OZEAN

7 DIE SCHILDKRÖTE ESMERALDA

DIE ÄLTESTE SCHILDKRÖTE

Dieser lokale Star lebt in Freiheit auf einer Insel im Indischen Ozean. Sie gehört zur Gattung der Seychellen-Riesenschildkröten, die für ihre lange Lebensdauer bekannt ist.

ÜBER 200 JAHRE ALT

BIRD ISLAND SEYCHELLEN

360 KG

Wurde von den Inselbewohnern Esmeralda getauft, ist aber ein Männchen.

8 DAS VIRGINIA-OPOSSUM

DIE KÜRZESTE TRÄCHTIGKEIT

Dieses Beuteltier ist so groß wie eine kleine Katze und bringt nach einer für Säugetiere extrem kurzen Trächtigkeit winzige Babys auf die Welt. Die Jungtiere entwickeln sich aber noch im Beutel ihrer Mutter weiter.

2 ½ MONATE: SO LANGE BLEIBEN SIE MINDESTENS NOCH IM BEUTEL

13 TAGE

VEREINIGTE STAATEN VON AMERIKA MITTELAMERIKA

1 BIS 3 MAL PRO JAHR TRÄCHTIG

IM SCHNITT 8 JUNGTIERE (bis zu 20)

GEWICHT UND GRÖSSE DER NEUGEBORENEN: 0,13 G UND 15 MM (so groß wie ein Biene)

9 DIE EINTAGSFLIEGE

DIE KÜRZESTE LEBENSDAUER

Dieses Insekt trägt seinen Namen völlig zu Recht: es lebt kürzer als jedes andere Lebewesen auf der Welt. Je nach Art überleben erwachsene Tiere nur wenige Tage, manche sogar nur wenige Minuten.

UNTER 5 MIN (Lebensdauer eines ausgewachsenen Exemplars der Art *Dolonia americana*)

ES GIBT ÜBER 3 000 ARTEN VON EINTAGSFLIEGEN

Das Weibchen muss in den 5 Minuten, die es lebt, einen Partner finden, sich paaren und Eier legen.

DAS LARVENSTADIUM BETRÄGT BIS ZU 2 JAHRE.

IM SÜDEN DER VEREINIGTE STAATEN VON AMERIKA

10 DER ALPENSEGLER

DIE LÄNGSTE FLUGZEIT

Dieser Vogel hält den absoluten Rekord im Fliegen ohne Landen. Er ernährt sich von Insekten, die er im Flug aufschnappt, und ruht, indem er über lange Strecken dahingleitet.

200 TAGE UND 100 000 KM

SÜDLICHES EUROPA

80 BIS 120 G

Im Rahmen einer Studie wurde einzelnen Alpenseglern, die zum Überwintern von Europa nach Afrika migrierten, vor dem Abflug Sensorpakete auf den Rücken geschnallt.

11 DER TIEFSEE-OKTOPUS

DIE LÄNGSTE BRUTZEIT

Die Weibchen der Gattung *Graneledone boreopacifica* kleben ihre Eier auf Felsen und drücken sich an sie, um sie zu wärmen und sie bis zum Schlüpfen zu schützen.

4½ JAHRE

160 ANZAHL DER AUSGEBRÜTETEN EIER

DER KOPFFÜSSER MIT DER LÄNGSTEN LEBENSERWARTUNG

PAZIFISCHER OZEAN

Die Jungtiere gehen direkt nach dem Schlüpfen vollkommen eigenständig auf die Jagd nach kleinen Beutetieren.

12 DER CUVIER-SCHNABELWAL

DER LÄNGSTE TAUCHGANG

Dieser kleine Schnabelwal kann länger tauchen als jedes andere Säugetier. Er jagt mit angehaltenem Atem in extremer Tiefe.

TAUCHT BIS ZU 3000 M TIEF.

ZEIT UNTER WASSER OHNE ZU ATMEN: **2 H 18 MIN** (12 Mal länger als der Weltrekord beim Menschen)

REGENERATION AN DER WASSEROBERFLÄCHE: 2 MIN

5 BIS 7 TONNEN

TROPISCHE UND GEMÄSSIGTE MEERE

13 NEPTUNGRAS

STEHT UNTER ARTENSCHUTZ!

Seegraswiesen spielen eine wichtige Rolle im Ökosystem, da sie große Mengen CO_2 speichern und zur Artenvielfalt beitragen.

WÄCHST IN EINER TIEFE VON BIS ZU 50 M

ZWISCHEN 80 000 UND 200 000 JAHRE ALT

LANGSAMES WACHSTUM: ZWISCHEN 5 UND 10 CM PRO JAHR

BIS ZU 15 KM

DER ÄLTESTE LEBENDE ORGANISMUS

MITTELMEER

Neptungras bildet Seegraswiesen auf dem Meeresboden und treibt Blüten mit kleinen Früchten aus. Die ältesten Wiesen befinden sich vor der spanischen Insel Formentera.

14 DIE VIRGINIA-DREIMASTERBLUME

DIE BLUME MIT DER KÜRZESTEN BLÜTEZEIT

60 CM HOCH

Wie Eintagsfliegen in der Tierwelt gehört diese Dreimasterblume zu den Pflanzen mit der kürzesten Lebensdauer. Sie blüht im Sommer in Gärten.

12 STUNDEN

Die Blüte öffnet sich und verwelkt am selben Abend.

ES GIBT SIE IN 3 FARBEN.

VIRGINIA VEREINIGTE STAATEN VON AMERIKA

ES EXISTIEREN UM DIE 60 ARTEN

15 DER PITON DE LA FOURNAISE

DIE LÄNGSTE ERUPTION

6 MONATE UND 11 TAGE

1979: Gründung eines Observatoriums zur Erfassung der vulkanischen Aktivitäten und zum Schutz der Bevölkerung

2 632 M

60 MILLIONEN M³ AUSGETRETENE LAVA

Der Piton de la Fournaise brach 1998 nach 6 Jahren Pause erneut aus. In Phasen der Hyperaktivität strömte Lava mit einer Emissionsrate von bis zu 20 m³/s aus und es schossen Fontänen von bis zu 50 m in die Höhe!

INSEL LA RÉUNION FRANKREICH

DAUER DER ERUPTION: VOM 9. MÄRZ BIS ZUM 20. SEPTEMBER 1998

16 DER TIERGARTEN SCHÖNBRUNN

DER ÄLTESTE ZOO

Er wurde 4 Mal zum „besten Zoo Europas" gekürt und 1996 zum UNESCO-Weltkulturerbe erklärt.

1828: Schenkung der ersten Giraffe durch den Vizekönig von Ägypten

1906: Geburt des ersten Elefantenbabys in Gefangenschaft

2007: Geburt des ersten Pandababys in Gefangenschaft

1752 gründete Kaiser Franz I. den ersten Zoo der Welt und finanzierte Expeditionen mit dem Ziel, exotische Tiere nach Europa mitzubringen, die dort noch unbekannt waren.

WIEN ÖSTERREICH

ERÖFFNUNG: 31. JULI 1752

ARCHITEKT: NICOLAS JADOT

Nach anfänglich 13 Gehegen leben hier heute über 500 Arten (Große Pandas, Eisbären, Orang-Utans, Koalas usw.)

17 DIE CHINESISCHE MAUER

DIE LÄNGSTE BAUSTELLE

Die Mauer wurde einst gebaut, um das Reich vor Angriffen aus dem Norden zu schützen. Sie ist ein außergewöhnliches architektonisches, technologisches und militärisches Bauwerk.

601 TAGE

so lange dauert es im Schnitt, die Mauer abzulaufen

2000 JAHRE

20 000 KM LANG DAS LÄNGSTE VON MENSCHENHAND ERRICHTETE BAUWERK

SHANHAIGUAN-JIAYUGUAN CHINA

BAUZEIT: 3. JH. V. CHR. BIS 17. JH. N. CHR.

ÜBER 15 MILLIONEN BESUCHER PRO JAHR

18 DAS *EDEN THÉÂTRE*

DAS ÄLTESTE KINO DER WELT

Das Kino befindet sich in einem kleinen Dorf in Südfrankreich und genießt seit 1996 als Denkmal besonderen Schutz.

21. SEPTEMBER 1895: erste Vorführung von Filmen von Louis Lumière

21. MÄRZ 1899: erste Vorführung, für die Eintritt gezahlt wurde

2013: Wiedereröffnung nach Renovierung (nach historischem Vorbild von 1889, aber mit moderner Technik)

LA CIOTAT FRANKREICH

ERÖFFNUNG: 15. JUNI 1889

166 SITZPLÄTZE

ERÖFFNUNG: 10. JANUAR 1863 BIS PADDINGTON STATION

BAUZEIT: 3 JAHRE (1860–1863)

LONDON VEREINIGTES KÖNIGREICH

19 DIE LONDONER U-BAHN

WIRD AUCH „THE TUBE“ ODER „THE UNDERGROUND“ GENANNT

DIE ÄLTESTE U-BAHN DER WELT

Um sie zu bauen, wurden die modernsten Errungenschaften der Industriellen Revolution eingesetzt. Alleine die Tunnel unter der Stadt zu bohren war eine gewaltige Herausforderung!

1890: Beginn der Elektrifizierung der bis dahin mit Dampf betriebenen Linien.

21 GN-Z11

DIE ÄLTESTE BEKANNTE GALAXIE

13,4 MILLIARDEN JAHRE (400 Millionen Jahre nach dem Urknall)

Im Vergleich dazu wird das Universum auf 13,8 Milliarden Jahre geschätzt und die Erde auf etwas über 4,5 Milliarden Jahre.

GN-z11 ist die älteste aller bisher gesichteten Galaxien, und die am weitesten entfernte. Entdeckt wurde sie mit den Weltraumteleskopen *Hubble* und *Spitzer*.

SIE PASST **25 MAL** IN DIE MILCHSTRASSE HINEIN

STERNBILD GROSSER BÄR

20 GENNADI PADALKA

DER LÄNGSTE AUFENTHALT IM ALL

878 TAGE 11 H 31 MIN (zusammengerechnet)

5 MISSIONEN ZWISCHEN 1998 UND 2015

Da der menschliche Körper nicht für die Schwerelosigkeit geschaffen ist, dürfen Astronauten immer nur für kurze Zeit das Raumschiff verlassen. Gennadi Padalka ist bis heute der Raumfahrer, der die längste Zeit im All verbracht hat.

2 H AUFBAUTRAINING PRO TAG, um dem Muskel- und Knochenschwund sowie Herz- und Gefäßkrankheiten vorzubeugen

2-3 TAGE: So lange dauert es, sich an die Schwerelosigkeit zu gewöhnen.

RUSSLAND

22 BRANKO PETROVIC

WELTREKORDHALTER IM APNOETAUCHEN

11 MIN 54 SEKUNDEN UNTER WASSER OHNE ZU ATMEN

Branko Petrovic hält den Weltrekord im Zeittauchen – einer Disziplin, bei der es darum geht, ohne Luft zu holen möglichst lange unter Wasser zu bleiben.

SERBIEN

REKORD AUFGESTELLT AM 7. OKTOBER 2014

23 JOHN ISNER GEGEN NICOLAS MAHUT

5 SÄTZE
4:6
6:3
7:6
6:7
70:68

DAS LÄNGSTE TENNISMATCH

DAUER: 11 H 5 MIN – WURDE ÜBER 3 TAGE AUSGETRAGEN

Am 22. Juni 2010 fochten die Spieler John Isner und Nicolas Mahut in Wimbledon eine legendäre Tennispartie aus: die längste der Geschichte.

12 REKORDE: Anzahl der Spiele (13), der gespielten Punkte (980), der Asse (216), der verbrauchten Bälle (126), der Satzlänge (70:68) etc.

16 000: DIE KALORIENZAHL, DIE JEDER SPIELER ETWA VERBRAUCHTE

8 H: DAUER DES 5. SATZES

LONDON VEREINIGTES KÖNIGREICH

24 NATALJA MOLTSCHANOWA

WELTREKORDHALTERIN IM APNOETAUCHEN

9 MIN 2 SEK UNTER WASSER OHNE ZU ATMEN
(3 sek länger als alle Männer, die an diesem Wettkampf teilnahmen)

Die ehemalige russische Schwimmerin und Präsidentin des russischen Freitaucherverbandes hält den Weltrekord für Frauen im statischen Zeittauchen.

41 WELTREKORDE, DAVON 20 GOLDMEDAILLEN

RUSSLAND

REKORD AUFGESTELLT AM 28. JUNI 2013

40 JAHRE So alt war sie, als sie mit dem Freitauchen begann.

25 MARTIN STREL

REKORD IM LANGSTRECKENSCHWIMMEN

5 268 KM ZURÜCKGELEGTE STRECKE

Der „Fischmann“ schwamm 2007 sogar den Amazonas hinunter, den längsten und gefährlichsten Fluss der Welt, in dem es vor Schlangen, Piranhas und Krokodilen nur so wimmelt!

4 AUSDAUER-WELTREKORDE

MOKRONOG SLOWENIEN

17 KG GEWICHTSVERLUST AUF DER STRECKE

66 TAGE SCHWIMMEN OHNE PAUSE = 10 STUNDEN PRO TAG

AM LEISESTEN
AM LAUTESTEN

DINOSAURIER	TECHNOLOGIEN
TIERE	ASTRONOMIE
MENSCHEN	NATUR
ARCHITEKTUR	SPORT

Der Lärm

Die Intensität eines Geräuschs entspricht der Menge an Energie, die von einer Schallwelle ausgeht: Je stärker der Schall, desto lauter das Geräusch. Lärm wird mit einem Sonometer gemessen und in Dezibel (dB) umgerechnet, und zwar von 0 bis 200 Dezibel. Aber Achtung: Dezibel werden nicht addiert, sondern verzehnfacht – eine Erhöhung um 10 Dezibel entspricht daher einer 10-fachen Lautstärke!

85 DB KÖNNEN GEHÖRSCHÄDEN VERURSACHEN

120 DB SIND UNERTRÄGLICH LAUT, SCHMERZGRENZE

190 DB KÖNNEN EINEN MENSCHEN TÖTEN

DIE LEISESTEN

DIE LAUTESTEN

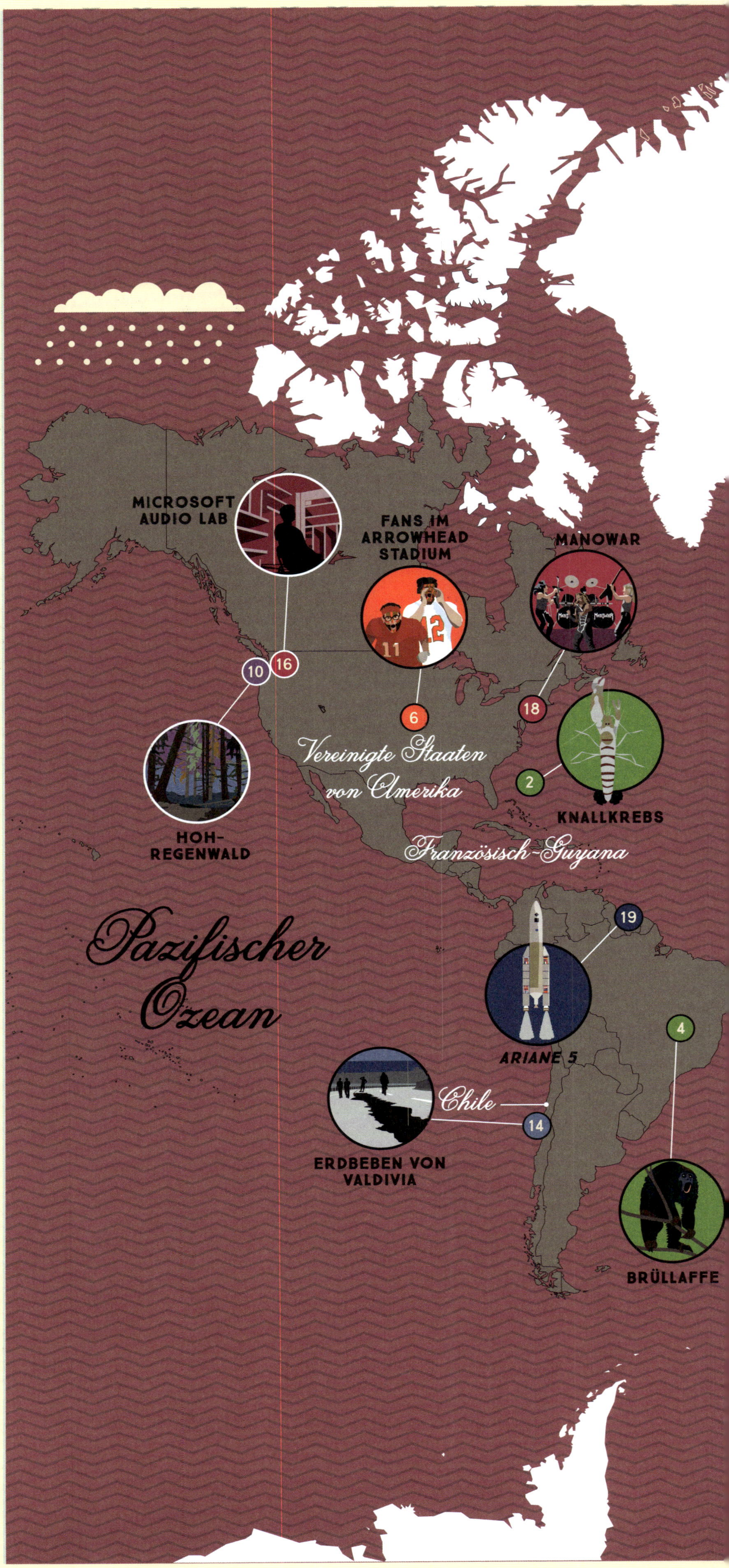

15 SCHALLKANONE
WASSERWANZE
EUROPÄISCHER LAUBFROSCH
ROTORFLY
Russland
20 TUNGUSKA-EREIGNIS
17
5
3
Frankreich
8
FORMEL-1-RENNEN
13
SINGENDE DÜNEN
Sahara
TAMBORA-ERUPTION
NEVILLE SHARP
Indischer Ozean
Indonesien 11
9
VUVUZELA
7
Südafrika
Australien
Atlantischer Ozean
1 POTTWAL
KALBEN EINES EISBERGS
12
Antarktis

AM LEISESTEN
AM LAUTESTEN

1 DER POTTWAL

DAS LAUTESTE SÄUGETIER

BIS ZU 20 M

230 DB

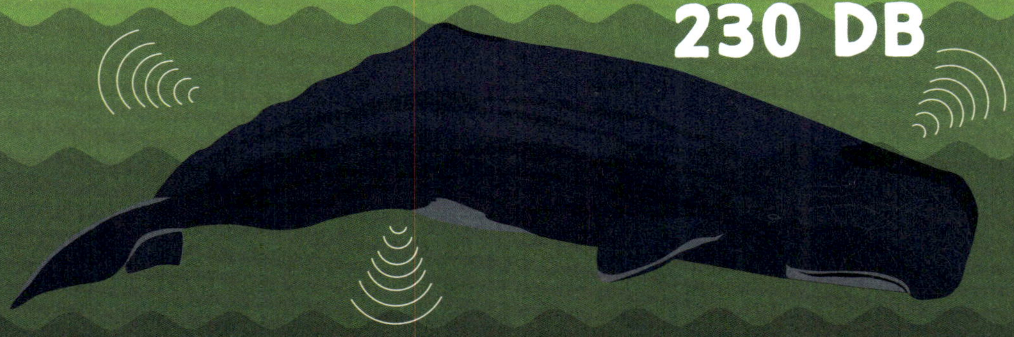

SCHALL BEWEGT SICH 4 MAL SCHNELLER IM WASSER ALS IN DER LUFT

ALLE OZEANE

Er singt nicht, kommuniziert aber mit Klicklauten, die so laut sein können, dass sich Wissenschaftler fragen, ob er mit ihnen auch Beutetiere desorientieren oder betäuben kann.

2 DER KNALLKREBS

DAS LAUTESTE KRUSTENTIER

218 DB

9 Mal lauter als ein Symphonieorchester

3 CM

Um seine Beute zu betäuben, knallt dieser Krebs so laut mit seiner Schere, dass er eine Schockwelle erzeugt. Die Blase, die dabei entsteht, implodiert mit einem extrem lauten Knall und setzt eine Temperatur von etwa 5 500 °C frei.

ATLANTISCHER OZEAN (FLORIDA)

lebt in Kolonien von bis zu 3 000 Exemplaren

3 DER EUROPÄISCHE LAUBFROSCH

5 CM

90 DB

wie Bellen

EINE DER LAUTESTEN AMPHIBIEN

Während der Paarungszeit singen die Männchen die ganze Nacht, um Weibchen anzulocken. Ihre kehlständige Schallblase verstärkt die Paarungsrufe dabei um ein Vielfaches.

EUROPA (AUSSER SKANDINAVIEN)

35 000: ANZAHL DER NÄCHTLICHEN PAARUNGSRUFE

REICHWEITE DES GESANGS: **BIS ZU 1,5 KM**

4 DER BRÜLLAFFE

50 BIS 70 CM

100 DB

lauter als ein Schlagbohrer

DER LAUTESTE AFFE

Sowohl Männchen als auch Weibchen stoßen in den Wäldern, in denen sie beheimatet sind, laute Schreie aus, um ihr Territorium zu markieren. Ihr Gebrüll ist im Umkreis von bis zu 16 km zu hören!

MITTEL- UND SÜDAMERIKA

5 DIE WASSERWANZE

DAS LAUTESTE INSEKT

99 DB

das entspricht einem Motorrad

ETWA 2 MM

Die Männchen produzieren durch das Reiben ihres Genitals über den Hinterleib ein extrem lautes Zirpen, um Weibchen anzulocken. Gemessen an ihrer Größe erzeugen sie das lauteste Geräusch im Tierreich, das zum Glück zu 99% vom Wasser absorbiert wird.

FRANKREICH (SÜSSWASSERFLÜSSE, SEEN ETC.)

SCHALLGERÄUSCH MIT HYDROPHON AUFGENOMMEN

6 FANS IM ARROWHEAD STADIUM

DAS LAUTESTE AMERICAN-FOOTBALL-MATCH

Die lautesten Fans wurden anlässlich eines American-Football-Matchs gemessen, als die Kansas City Chiefs gegen die New England Patriots antraten.

29. SEPTEMBER 2014

77 000 ZUSCHAUER

142,2 DB

= entspricht einem startenden Flugzeug

KANSAS CITY VEREINIGTE STAATEN VON AMERIKA

MENGE DER VERTEILTEN OHRSTÖPSEL: 36 000

7 DIE VUVUZELA

DAS LAUTESTE INSTRUMENT

Diese Plastiktrompete, die Fußballfans zur Unterstützung ihrer Teams einsetzen, kam in den 1960er-Jahren in Umlauf. Sie findet auch als Musikinstrument Verwendung.

141 DB

SÜDAFRIKA

9 NEVILLE SHARP

DER LAUTESTE RÜLPSER

110,6 DB

entspricht dem Lärmpegel einer Disco

Wer rülpst, stößt Gas aus dem oberen Verdauungstrackt durch den Mund aus. Das Geräusch kann unterschiedlich laut ausfallen.

AUSTRALIEN

SEIN GEHEIMNIS: 600 ML SPRUDELWASSER

8 DAS FORMEL-1-RENNEN

95 DB IN DER KABINE DER KOMMENTATOREN

DIE LAUTESTE SPORTVERANSTALTUNG

130–140 DB AM ZUSCHAUERRAND

Der Lärm an der Rennstrecke ist ohrenbetäubend. Helme und ein spezieller Ohrenschutz sind daher vorgeschrieben.

110 DB MOTORENLÄRM EINES FORMEL-1-FERRARIS

2014: neue, leisere Motoren sorgten bei Fans und Piloten für Unmut. Für sie gehört Lärm zum Rausch der Geschwindigkeit einfach dazu.

10 DER HOH-REGENWALD

EIN REFUGIUM DER STILLE

Selbst mitten in der Natur sind Orte selten, in denen kein einziges menschliches Geräusch zu hören ist. Daher schuf der akustische Ökologe Gordon Hempton 2005 ein Refugium der Stille, um den Regenwald vor Geräuschen zu schützen.

30 BIS 40 DB

HIER HÖRT MAN WEDER FLUGZEUGE NOCH LASTER NOCH AUTOS

„QUADRATZOLL FÜR DIE STILLE" DER NAME DES REFUGIUMS

OLYMPIC-NATIONALPARK VEREINIGTE STAATEN VON AMERIKA

UNESCO-WELTNATURERBE SEIT 1981

11 DIE ERUPTION DES TAMBORA

DAS LAUTESTE, JEMALS VERNOMMENE GERÄUSCH

320 DB

44 KM HOCH (die Rauchsäule)

Das Geräusch entstand bei der Eruption des Vulkans Tambora im Jahr 1815. Die Explosion war sogar noch 2 600 km entfernt zu hören!

Die lauteste, gewaltigste und tödlichste Eruption der letzten 10 000 Jahre hatte die 10 000-fache Kraft der Atombomben von Hiroshima und Nagasaki im Jahr 1945.

INSEL SUMBAWA INDONESIEN

DAUER DER ERUPTION: VOM 5. BIS ZUM 15. APRIL 1815

12 DAS KALBEN EINES EISBERGS

EINES DER LAUTESTEN GERÄUSCHE IN DER NATUR

Wenn Eismassen von Gletschern abbrechen (dieses Phänomen wird als Kalben bezeichnet), krachen sie spektakulär ins Wasser. Wissenschaftler sprechen von einem „Bloop“, das unter dem Meer noch in 5 000 km Entfernung zu hören ist!

ÜBER 188 DB

wie ein Raketenstart

ANTARKTIS

1997: erste Aufzeichnung des Geräuschs durch die amerikanische Nationale Ozean- und Atmosphärenbehörde

13 DIE SINGENDEN DÜNEN

DIE LAUTESTEN WÜSTEN

110 DB

wie eine Elektrosäge

DIE REICHWEITE DES GERÄUSCHS BETRÄGT 10 KM

Singende Dünen kann man weltweit in etwa 30 Wüsten hören.

SAHARA AFRIKA

Dieses Phänomen entsteht in Sandwüsten: Wenn sich Sandkörner von der Düne lösen und in Lawinen aufeinanderprallen, entsteht ein tiefer, dunkler Ton, der an das Dröhnen eines Flugzeugs oder einen Trommelwirbel erinnert.

14 DAS ERDBEBEN VON VALDIVIA

DAS STÄRKSTE JEMALS GEMESSENE ERDBEBEN

Das Große Chile-Erdbeben fand am 22. Mai 1960 in Valdivia statt: Es erreichte den Wert 9,5 auf der Richterskala.

BEREITS DER WERT 5 IST OHRENBETÄUBEND

235 DB

(das Geräusch eines Erdbebens der Stärke 5)

Erderschütterungen werden auf der Richterskala von 0 bis 9 verzeichnet, je nach Stärke des Erdbebens und der dabei entstandenen Schäden.

JEDES JAHR WERDEN 800 ERDBEBEN DIESER STÄRKE AUFGEZEICHNET

ERDBEBENZONEN

15 DIE SCHALLKANONE

EINES DER LAUTESTEN GERÄTE

250 DB

Schallkanonen werden eingesetzt, um unter dem Meeresboden nach Erdölvorkommen zu suchen. Die extrem lauten Schallwellen dringen bis zu 20 km in den Boden ein und erzeugen ein Echo, das Aufschluss über die Beschaffenheit des Meeresbodens gibt.

RUSSLAND

1 000 KM: AUSDEHNUNG DES GERÄUSCHS UNTER WASSER

DAS MICROSOFT AUDIO LAB

16

DER STILLSTE ORT

−20,6 DB

In diesem Versuchslabor werden Schallwellen und elektromagnetische Wellen untersucht. Es absorbiert aufgrund seiner speziellen Dämmung 99,9% der Schallwellen.

REDMOND VEREINIGTE STAATEN VON AMERIKA

45 MIN: So lange hält es ein Mensch höchstens aus, wenn ihm alle akustischen Informationen fehlen und er nur noch die Geräusche seiner eigenen Organe hören kann.

17

DER ROTORFLY

DER LEISESTE HUBSCHRAUBER

70 DB

wie ein Staubsauger

RUSSLAND

Seine maximale Flugstrecke beträgt 350 km. Er erreicht eine Höhe von 4000 m und kann 260 kg Ladung transportieren.

DIE LAUTESTE MUSIKBAND

Manowar ist eine Heavy-Metal-Band, die für ihre extrem laute Musik bekannt ist.

NEW YORK VEREINIGTE STAATEN VON AMERIKA

KONZERT IN DEUTSCHLAND, 9. JULI 2008

18

MANOWAR

139 DB

die Lautstärke des Lieds ***CALL TO ARMS***

DIE RAKETE *ARIANE 5*

DER LAUTESTE RAKETENSTART

Ariane 5 ist ein Gemeinschaftsprojekt von mehreren europäischen Ländern mit dem Ziel, Satelliten ins All zu schießen und auf der Erdumlaufbahn zu platzieren. Sie ist mit einem Vulcain-2-Triebwerk ausgestattet und hat die Schubkraft von umgerechnet 365 ICE-Zügen.

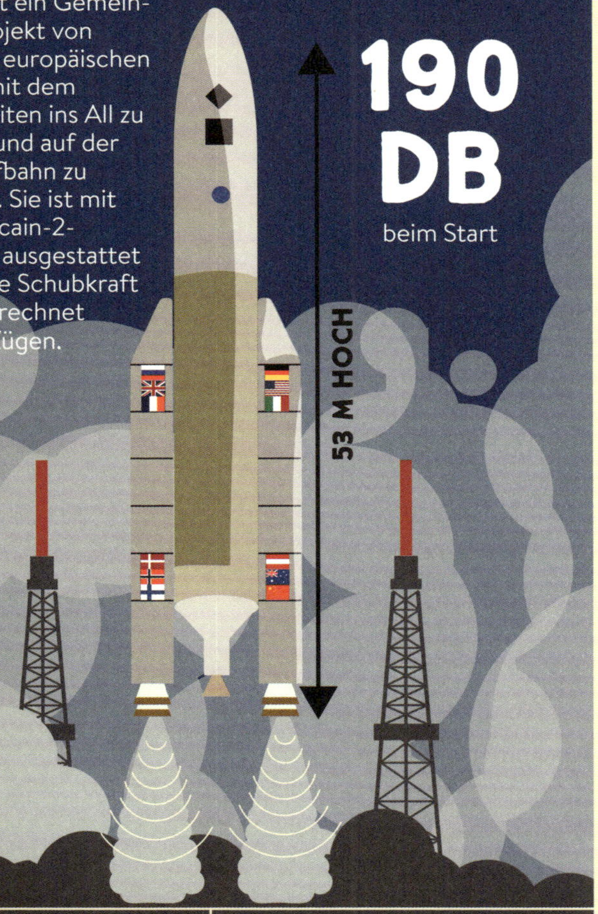

190 DB

beim Start

19

KOUROU FRANZÖSISCH-GUYANA

ERSTER FLUG: 4. JUNI 1996

20

DAS TUNGUSKA-EREIGNIS

EINE DER SCHWERSTEN EXPLOSIONEN

310 DB

(entspricht 250 Atombomben)

Wissenschaftler vermuten, dass ein Meteorit mit einem Durchmesser von 10 m in 5000 m Höhe explodierte, beim Eintritt in die Atmosphäre einen gigantischen Feuerball erzeugte – und sich dabei auflöste.

RUSSLAND REGION TUNGUSKA

30. JUNI 1908

20 000 HA VERBRANNTE VEGETATION UND 60 MILLIONEN ZERSTÖRTE BÄUME

DIE KÄLTESTEN
DIE HEISSESTEN

- DINOSAURIER
- TIERE
- MENSCHEN
- ARCHITEKTUR
- TECHNOLOGIEN
- ASTRONOMIE
- NATUR
- SPORT

Die Temperatur

Das Thermometer gilt seit seiner Erfindung im 17. Jahrhundert als eines der wichtigsten Messgeräte zur Bestimmung der Luft- und Körpertemperatur. Angloamerikaner messen die Temperatur in Grad Fahrenheit, die Deutschen in Grad Celsius. Wissenschaftler geben sie allerdings weltweit in Kelvin an, damit sie sich besser untereinander verständigen können.

1 K (KELVIN) = −272,15 °C (GRAD CELSIUS)	1 K = −475 °F (GRAD FAHRENHEIT)

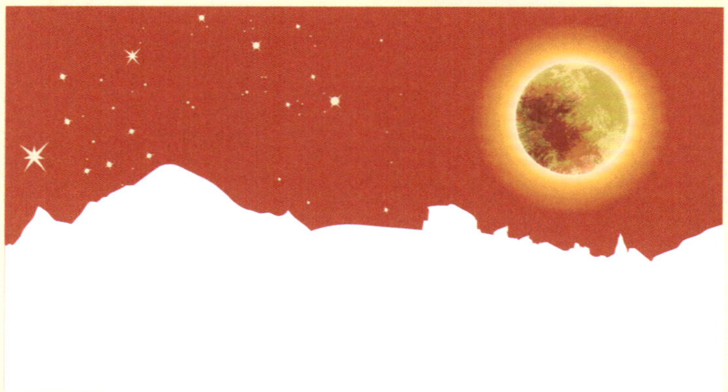

AM KÄLTESTEN | **AM HEISSESTEN**

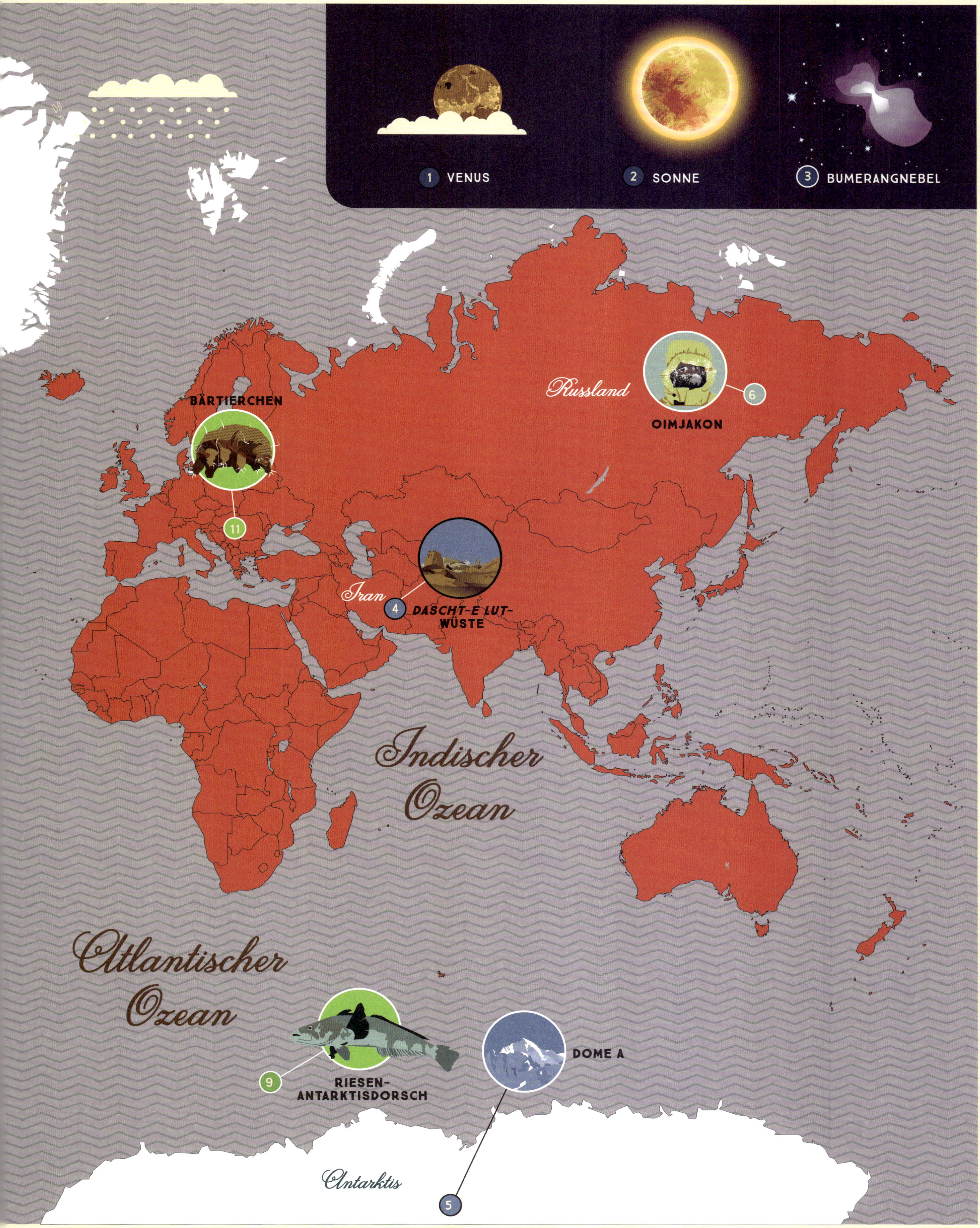
1 VENUS
2 SONNE
3 BUMERANGNEBEL
Russland
OIMJAKON
6
BÄRTIERCHEN
11
Iran
4 DASCHT-E LUT-WÜSTE
Indischer Ozean
Atlantischer Ozean
RIESEN-ANTARKTISDORSCH
9
DOME A
Antarktis
5

AM KÄLTESTEN – AM HEISSESTEN

1 DIE VENUS

DER HEISSESTE PLANET IM SONNENSYSTEM

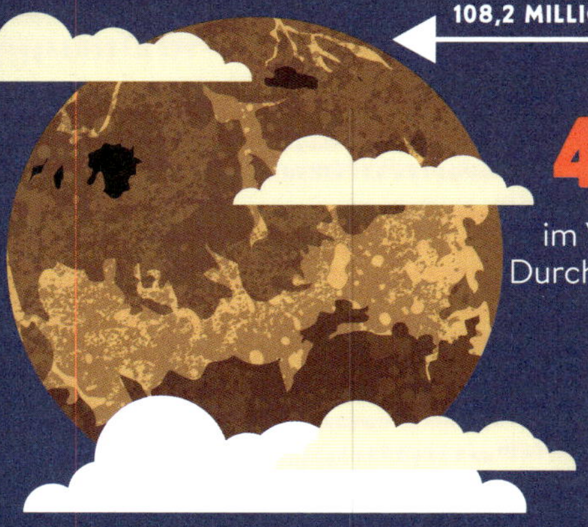

IHR ABSTAND ZUR SONNE: 108,2 MILLIONEN KM

470 °C

im Vergleich zu 15 °C Durchschnittstemperatur auf der Erde

Die Venus steht nach dem Merkur der Sonne am nächsten. Der Planet wird von einer dicken Wolkenschicht umhüllt, die 80% des Sonnenlichts zurückstreut und den Rest speichert – wie ein Treibhaus.

SIE ZÄHLT ZU DEN ERDÄHNLICHEN PLANETEN

SONNENSYSTEM

AUFGRUND IHRER HITZE UND DER DICHTEN ATMOSPHÄRE IST AUF DIESEM PLANETEN KEIN LEBEN MÖGLICH!

2 DIE SONNE

DER HEISSESTE ORT IM SONNENSYSTEM

Die Sonne ist der Stern, der unserer Erde am nächsten ist. Ihre gewaltige Energie wärmt und erhellt unseren Planeten.

KERNTEMPERATUR: 15 MILLIONEN °C

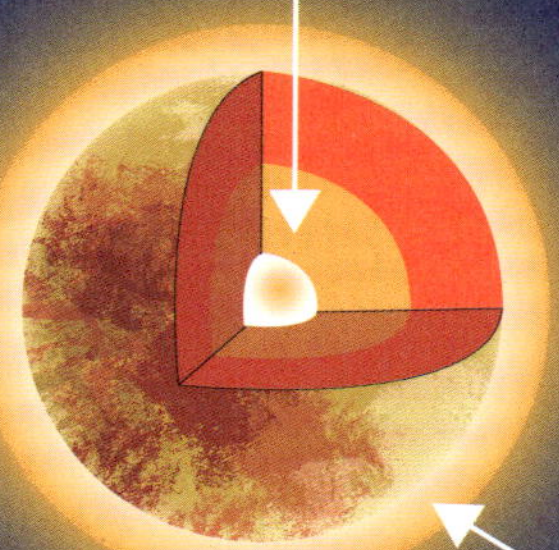

DURCHMESSER: 1,4 MILLION KM (110 Mal größer als die Erde)

OBERFLÄCHENTEMPERATUR: **5 500 °C**

150 MILLIONEN KM VON DER ERDE ENTFERNT

Die Farbe der Sterne ist der Indikator für ihre Temperatur.
Gelb, so wie die Sonne = mittlere Temperatur mit etwa 5 500 °C
Blau = doppelt so heiß mit 10 000 °C
Rot = fast halb so heiß mit 3 000 °C

IHR ALTER: ETWA 4,6 MILLIARDEN JAHRE

DIE SONNE HAT BEREITS DIE HÄLFTE IHRES LEBENS HINTER SICH

SONNENSYSTEM

4 DIE DASCHT-E LUT-WÜSTE

DER HEISSESTE ORT DER ERDE

70,7 °C

Diese unbewohnte und lebensfeindliche Salzwüste wird von heftigen Winden heimgesucht.

IRAN

MESSUNG DER BODENTEMPERATUR: 2005 PER SATELLIT

DIE LUT-WÜSTE WURDE 2016 ZUM UNESCO-WELTNATURERBE ERKLÄRT

3 DER BUMERANGNEBEL

DER KÄLTESTE ORT IM UNIVERSUM

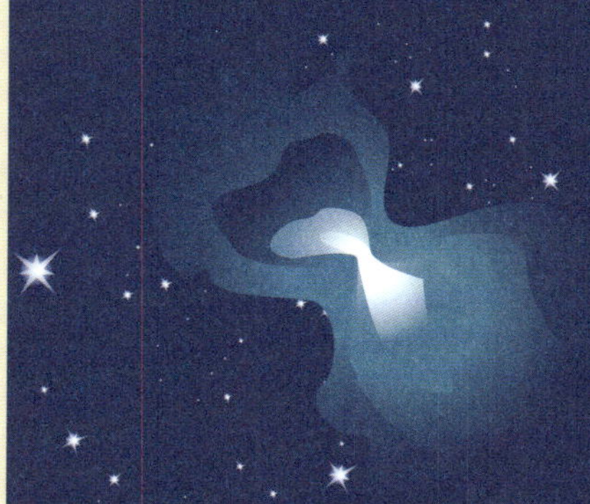

-272 °C

(2 °C weniger als die Durchschnittstemperatur im All)

Diese riesige, symmetrische Wolke aus Gas und Staub wird von einem alternden Stern erzeugt, der mit der Sonne vergleichbar ist. Sie hat die Form eines Schmetterlings.

KONSTELLATION IM STERNBILD ZENTAUR

ENTDECKUNG: **1980**

5 DOME A

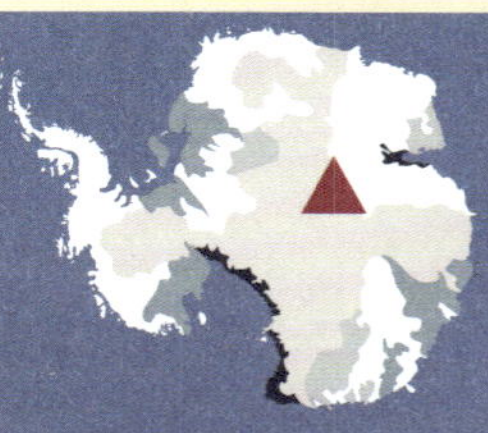

Dome A: 4093 m

ANTARKTIS

-93,2°C

(4 Mal kälter als ein Gefrierschrank)

DER KÄLTESTE ORT DER ERDE

Dome A ist eine Hochebene in der Antarktis und der kälteste Ort auf unserem Planeten.

HÖCHSTER GIPFEL VON ANTARKTIKA: **DER MOUNT VINSON 4892 M**

TEMPERATUR GEMESSEN AM 10. AUGUST 2010 MIT DEM SATELLITEN *LANDSAT*

6 OIMJAKON

-67,8 °C

EINES DER KÄLTESTEN
DÖRFER

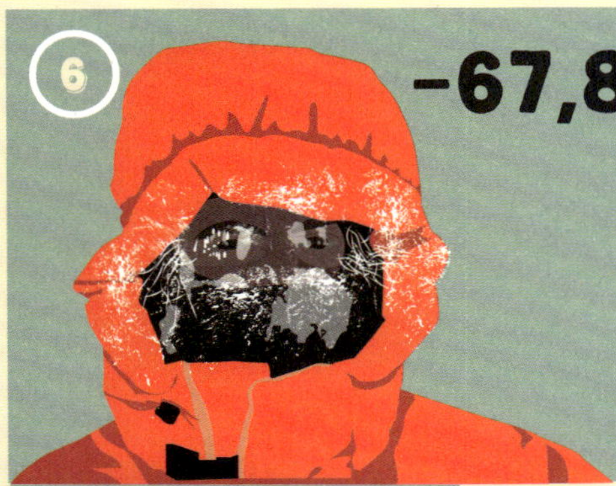

In diesem 500-Seelen-Dorf können weder Obst noch Gemüse angebaut werden und nur selten Flugzeuge starten oder landen, da der Boden fast das ganze Jahr über gefroren ist.

9 MONATE WINTER

3 H TAGESLICHT IM WINTER

KÄLTEREKORD GEMESSEN AM 6. FEBRUAR 1933

SIBIRIEN RUSSLAND

7 FURNACE CREEK

DER HEISSESTE BEWOHNTE ORT

56,7 °C

Der Ort Furnace Creek (20 Einwohner) liegt mitten im Tal des Todes. In diesem wüstenartigen Klima regnet es so gut wie nie!

KALIFORNIEN VEREINIGTE STAATEN VON AMERIKA

HITZEREKORD GEMESSEN AM 10. JULI 1913

8 DAS ARKTISCHE ZIESEL

DAS LEBEWESEN MIT DER NIEDRIGSTEN KÖRPERTEMPERATUR

Das Arktische Ziesel (oder Erdhörnchen) hält über ein halbes Jahr Winterschlaf. Seine Körpertemperatur sinkt dann unter 0 °C, ohne dass dabei sein Blut gefriert!

37 °C DURCHSCHNITTLICHE KÖRPERTEMPERATUR

WINTERSCHLAF: 7 MONATE

KANADA

9 DER RIESEN-ANTARKTISDORSCH

Dieser Fisch liebt es eisig kalt. Sein farbloses Blut enthält spezielle Frostschutzproteine, die verhindern, dass er sich in einen Eisblock verwandelt.

SÜDPOLARMEER ANTARKTIS

DER KÄLTESTE FISCH DER WELT

-1,8 °C

SEINE KÖRPERTEMPERATUR PASST SICH DER TEMPERATUR DES WASSERS AN

10 DER WALDFROSCH

-18 °C

DAS TIER MIT DER HÖCHSTEN KÄLTETOLERANZ

Der „Eisfrosch" passt seine Körpertemperatur einfach an seine Umgebung an: Gefriert es draußen, gefriert er gleich mit! Das würde keine andere Amphibie überleben.

ALASKA VEREINIGTE STAATEN VON AMERIKA

WÄHREND SEINES IM SCHNITT 200 TAGE ANDAUERNDEN WINTERSCHLAFS SORGEN GLUCOSERESERVEN DAFÜR, DASS SEIN BLUT NICHT GEFRIERT.

11 DAS BÄRTIERCHEN

HÄLT DEN HITZE- UND KÄLTEREKORD

+150 °C
Bärtierchen halten sogar kochendes Wasser aus

-270 °C
2007 haben sie selbst einen Ausflug in die extreme Kälte des Universums überlebt

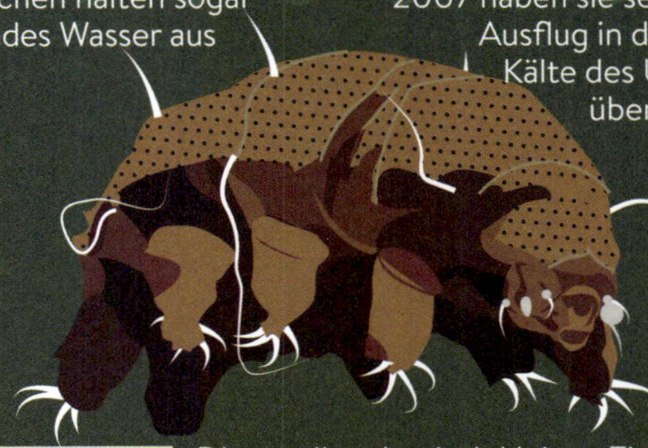

Diese mikroskopisch kleinen Tierchen, auch „Wasserbären" genannt, leben bevorzugt in Mooskissen und Algen und halten extremste Temperaturen aus.

ÜBERALL

INDEX

A

Abelisaurus 13
Afrikanischer Elefant 18
Airbus A380 8
Alpensegler 31
American Dream 8
Amerikanische Zitterpappel Pando 20
Amphibien 11, 36, 43
Antarktis 9, 42
Antonov An-225 20
Argentinosaurus 19
Ariane 5 39
Arktische Weide 9
Arktisches Ziesel 43
Arrowhead Stadium 37
Aurora 21

B

Bärtierchen 43
Bagger 293 20
Baum 9, 20, 26
Bart 11
Belaz-75710 20
Berg 10, 14, 42
Bhumibol Adulyadej 30
Bienenelfe 18
Blauwal 18
Blume 9, 26, 32
Boot 8, 27
Branko Petrovic 33
Brian Shaw 21
Brücke 14
Brüllaffe 36
Buch (*Blumen der Jahreszeiten*) 21
Buddha Amitabha 21
Bugatti Veyron Super Sport 26
Bumerangnebel 42
Burj Khalifa 13
Bus 8

C

Chandra Bahadur Dangi 10
Chinesische Mauer 32
Compsognathus 25
CriCri 21
Cullinan 19
Cuvier-Schnabelwal 31

D

Dascht-e Lut-Wüste 42
Deinocheirus mirificus 25
Deutsche Dogge 12
Dinosaurier 13, 19, 25
Dome A 42
Dorf 43
Düne 38

E

Eden Théâtre 32
Eintagsfliege 31
Eisberg(-Kalben) 38
Erdbeben 38
Esmeralda 31
Etruskerspitzmaus 19
Europäischer Laubfrosch 36
Explosion 39

F

Fächerfisch 24
FAST 15
Felix Baumgartner 25
Fisch 12, 24, 30, 43
Flugzeug 8, 20, 21, 26
Formel 1 37
Formula Rossa 27
Frau 10, 11, 30, 33
Frucht 20
Furnace Creek 43
Fußabdruck 13

G

Galaxie 33
Gennadi Padalka 33
Gepard 24
Giraffe 12
Glacier Express 27
Glasbrücke Zhangjiajie 14
GN-z11 33
Goliath-Vogelspinne 12
Gran Artic 300 8
Grönlandhai 30

H

Hai 12, 30
Hans N. Langseth 11
Harmony of the Seas 8
Haus 13
Helios 2-Sonde 27
Hoba-Meteorit 18
Hoh-Regenwald 37
Honiggelber Hallimasch 10
Hyperion 9

I

Insekt 12, 24, 31, 36
Internationale Raumstation (ISS) 18

J

Jackfrucht 20
Jeanne Louise Calment 30
Jiroemon Kimura 30
John Isner 33
JR-Maglev 27
Jupiter 15
Jyoti Amge 10

K

Keret-Haus 13
Knallkrebs 36
König 30
Kreuzfahrtschiff 8
Kürbis 19

L

Londoner U-Bahn 33
Louvre 14
Ludwig XIX. 30

M

Mann 10, 11, 21, 25, 30, 33, 37
Manowar 39
Martin Strel 33
Mehmet Özyürek 11

Merkur 15
Meteorit 18, 39
Microraptor zhaoianus 13
Microsoft Audio Lab 39
Mill Ends Park 14
Ming 30
Miniatur-Wunderland 9
Mount Everest 10
Muschel 30
Musik 37, 39

N

Nanofrosch 11
Nase 11
Natalja Moltschanowa 33
Neptungras 32
Neville Sharp 37
Nick Stoeberl 11
Nicolas Mahut 33

O

Oimjakon 43
One World Trade Center 13

P

Palast Nurul Iman 15
Paricá-Baum 26
Park 9, 14, 37
Peel P50 8
Pflanze 9, 26, 32
Pilz 10
Piton de la Fournaise 32
Planet 15, 42
Pottwal 36
Primat 11
Puya raimondii 26

R

Radioteleskop 15
Rakete 27, 39
Riesen-Antarktisdorsch 43
Robert Pershing Wadlow 10
Rotorfly 39
Rülpser 37

S

Säugetier.... 11, 12, 18, 19, 24, 25, 31, 36, 43
San-Alfonso-Schwimmbecken 14
Saturn V 27
Schallkanone 38
Schildkröte 31
Schloss Astolat 21
Schlupfwespe 12
Schweinsnasenfledermaus 19
Schwimmbecken 14
Schwimmen 33
Seepferdchen 24
Seikan-Tunnel 14
Siddiqa Parveen 11
Silberameise 24
Sogelau Tuvalu 25
Sonne 42
Spirit of Australia 27
SR-71 Blackbird 26
Stern 15, 42
Strauß 18

T

Tambora-Eruption 38
Tamu-Vulkan 10
Tennis 33
Themenpark 27
ThrustSSC 26
Tiefsee-Oktopus 31
Tiergarten Schönbrunn 32
Titanenwurz 9
Titanosaurus 13
Tunnel 14
Turm 13
Tradinno-Roboter 8
Trächtigkeit 31
T-rex-Kothaufen 19
Tunguska-Ereignis 39

U

U-Bahn 33
Usain Bolt 25
Uy Scuti 15

V

Venus 42
Virginia-Dreimasterblume 32
Virginia-Opossum 31
Vogel 18, 24, 31
Vulkan 10, 32, 38
Vulkanausbruch 32, 38
Vuvuzela 37

W

Wal 18, 31
Waldfrosch 43
Walhai 21
Wanderfalke 24
Wassermokassinotter 25
Wasserschläuche 26
Wasserwanze 36
Weinbergschnecke 24
Weißkehl-Faultier 25
Wüste 9, 38, 42

Z

Zeittauchen 31, 33
Zunge 11
Zwergseidenäffchen 11
Zwergterrier 12

Die Welt der Rekorde: Unglaubliches aus aller Welt

Text von Emmanuelle Figueras
Illustrationen von Alexandre Verhille und Sarah Tavernier

Übersetzung aus dem Französischen von Frederik Kugler

Veröffentlicht von Kleine Gestalten, Berlin 2018
ISBN: 978-3-89955-813-5

Die englische Ausgabe ist unter der ISBN 978-3-89955-814-2 erhältlich.

Korrektorat von Christina Bösel
Druck: Printer Trento, Italien
Hergestellt in Europa

Die französische Originalausgabe erschien unter dem Titel
Recordmania : Cartographie de L'Incroyable bei Éditions Milan.

Weitere Informationen unter kleine.gestalten.com.

Bibliografische Information der Deutschen Nationalbibliothek:
Die Deutsche Nationalbibliothek verzeichnet diese Publikation in der
Deutschen Nationalbibliografie; detaillierte bibliografische Daten
sind im Internet über www.dnb.de abrufbar.

Dieses Buch wurde auf FSC®-zertifiziertem Papier gedruckt.

FSC www.fsc.org MIX Papier aus verantwortungsvollen Quellen FSC® C015829